Y.4724

Ye

506-508

LES
QVATRE PREMIERS
LIVRE DE LA FRANCIADE.

AV ROY.
TRES-CHRESTIEN, CHARLES,
NEVFIEME DE CE NOM.

PAR PIERRE DE RONSARD,
GENTILHOMME VANDOMOIS.

A PARIS,
Chez Gabriel Buon, demeurant au Cloz bruneau,
à l'enseigne sainct Claude.
1572.
AVEC PRIVILEGE DV ROY.

EXTRAIT DV PRIVILEGE du Roy.

PAR Priuilege du Roy, donné à S. Germain en Laye, le xx. iour de Septembre, l'an mil cinq cens soixante, il est enioint à P. de Ronsard, gentilhomme Vandomois, de choisir & commettre tel Imprimeur, docte & diligent qu'il verra & cognoistra estre suffisant pour fidellement imprimer, ou faire imprimer les œuures ia par luy mises en lumiere, & autres qu'il composera & fera par cy apres. Inhibant (ledict Seigneur) à tous Imprimeurs, Libraires, Marchans & autres quelconques, qu'ils n'ayent à imprimer ou faire imprimer aucunes des œuures, qui par ledit Ronsard ont esté & seront cy apres faittes & composees, ny en exposer aucune en vente, s'elles n'ont esté & sont imprimees par ses permission, licence & congé, ou de l'Imprimeur par luy choisi & commis à l'impression d'icelles. Et ce sur peine de confiscation des liures ia imprimez, ou à imprimer, & d'amende arbitraire, tant enuers le Roy, qu'enuers ledit Ronsard, & des interest & dommages de l'Imprimeur, par luy choisy & esleu: Le tout pour les causes & raisons contenues, & amplement declarées audit Priuilege. Ainsi signé sur le reply, Par le Roy, Vous present de Lomenie, & seellé à double queüe du grand seau, de cire jaune.

Ledit Ronsard a permis à Gabriel Buon, Libraire Iuré de l'uniuersité de Paris, d'imprimer ou faire imprimer, les quatre premiers liures de la Franciade, iusques au terme de six ans, finis & accomplis, à commencer du iour que ledit liure sera acheué d'imprimer.

Acheué d'Imprimer le 13. de Septembre.

AV LECTEVR:

ENCORE que l'histoire en beaucoup de sortes se conforme à la Poësie, cõme en veheméce de parler, harãgues, descriptiõs de batailles, villes, fleuues, mers, montaignes, & autres semblables choses, où le Poëte ne doibt non plus que l'Orateur falsifier le vray, si est-ce quand à leur suiet ils sont aussi eslongnez l'vn de l'autre que le vraysemblable est eslongné de la verité. l'Histoire reçoit seulemét la chose comme elle est, ou fut, sans desguisure ny fard, & le Poëte s'arreste au vraysemblable, à ce qui peut estre, & à ce qui est desia receu en la commune opinion: Ie ne veux conclure qu'on doiue effacer du rang des Poëtes vn grand nombre de Grecs & Latins, pour honnorer d'vn si venerable tiltre Homere Virgile, & quelques autres pareils d'inuétion & de suiet: i'ose seulement dire (si mon opinion a quelque poix) que le Poëte qui escrit les choses cõ-

ã ij

EPISTRE.

me elle sont, ne merite tant que celuy qui les feint, & se recule le plus qu'il luy est possible de l'historié: non toutefois pour feindre vne Poësie fantastique côme celle de l'Ariofte, de laquelle les mêbres sont aucunement beaux, mais le corps est tellement contrefaict & monstrueux qu'il ressemble mieux aux resueries d'vn malade de fieure continue qu'aux inuentions d'vn homme bien sain. Il faut que l'Historien de poinct en poinct, du commécement iusqu'a la fin, deduise son œuure, ou le Poëte s'acheminant vers la fin, & redeuidant le fuzeau au rebours de l'Histoire, porté de fureur & d'art (sans toutesfois se soucier beaucoup des reigles de Grãmaire) & sur tout fauorisé d'vne preuoyáce & naturel iugemét, face que la fin de son ouurage par vne bône liaison se raporte au cômencement. Ie dy cecy pource que la meilleure partie des nostres pense que la Franciade soit vne histoire des Rois de France, comme si i'auois entrepris d'estre Historiographe & non Poëte: Bref ce liure est vn Roman comme l'Iliade & l'Æneïde, où par occasiô le plus brefuement que ie puis ie traitte de nos Princes, d'autant que mon but est d'escrire les faits de Françion, & non de fil en fil, comme les Historiens, les gestes de nos Rois: Et si ie parle de nos Monarques plus longuement que l'art Virgilien ne le permet: Tu dois sçauoir Lecteur que Virgile (côme en toutes autres choses) en cette-cy, est plus heureux que

EPISTRE.
moy, qui viuoit fous Augufte fecond Empereur, tellement que n'eftant chargé que de peu de Rois & de Cefars, ne deuoit beaucoup allonger le papier, où i'ay le faix de foixante & trois Rois fur les bras. Et fi tu me dis que d'vn fi grand nombre ie ne deuois eflire que les principaux: Ie te refponds que Charles noftre Seigneur & Roy par vne genereufe & magnanime candeur, n'a voulu permettre que fes ayeulx fuffent preferez les vns aux autres, à fin que la bonté des bons, & la malice des mauuais, luy fuffent comme vn exemple domeftique, pour le retirer du vice, & le pouffer à la vertu. Au refte, i'ay patronné mon œuure (dont ces quatre premiers liures te feruiront d'efchantillon) pluftoft fur la naïue facilité d'Homere, que fur la curieufe diligence de Virgile, imitant toutesfois à mon poffible de l'vn & de l'autre l'artifice & l'argument plus bafty fur la vrayfemblance que fur la verité: Car pour ne diffimuler ce qu'il m'en femble ie ne fçaurois croire qu'vne armee Grecque aye iamais combatu dix ans deuant Troye: le combat euft efté de trop longne duree, & les cheualiers y euffent perdu le courage, abfents fi long temps de leurs femmes enfans & maifons: auffi que la couftume de la guerre ne permet qu'on combate fi longuement deuant vne forte ville, en vn païs eftranger. Et dauantage ie ne fçaurois croire que Priam, Hector, Polydame, Alexandre, & mille autre tels ayent iamais efté, qui ont

ã iij

tous les noms Greqs, inuentez par Homere: Car si cela estoit vray, les cheualiers Troyés eussent porté le nom de leur païs Phrygien, & est bien aisé à cognoistre par les mesmes noms, q̃ la guerre Troyenne a esté feinte par Homere, comme quelques graues auteurs ont fermement asseuré: les fables qui en sont sorties depuis sont toutes puisees de la source de cest Homere, lequel comme fils d'vn Dæmon, ayant l'esprit surnaturel, voulant s'insinuer en la faueur & bonne grace des Æacides, & aussi (peut estre) que le bruit de telle guerre estoit receu en la comune opinion des hômes de ce temps là, entreprit vne si diuine & parfaite Poësie pour se rédre & ensemble les Æacides par son labeur à iamais treshonorez. Ie sçay bien que la plus grande partie des Histories & Poëtes sont du costé d'Homere, mais quand à moy ie pense auoir dit la verité, me soumetãt touiours à la correctiõ de la meilleure opinion. Autant en faut estimer de Virgile, lequel lisant en Homere, qu'Ænee ne deuoit mourir à la guerre Troyenne, & que sa posterité releueroit le nom Phrygien, & voyãt que les vieilles Annales de son temps portoyent qu'Ænee auoit fondé la ville d'Alba, où depuis fut Rome, pour gaigner la bonne grace des Cesars, qui se vantoyent estre sortis d'Iüle fils d'ænee conceut ceste diuine æneide qu'aueq toute reuerence nous tenons encores auiourd'huy entre les mains: Suiuant ses deux grands personna-

EPISTRE.

ges i'ay fait le semblable : car voyant que le peuple François tient pour chose tresasseuree selon les Annales, que Francion fils d'Hector, suiuy d'vne compagnie de Troyens, apres le sac de Troye, aborda aux palus Mæotides, & de là plus auant en Hongrie : i'ay allongé la toille, & l'ay fait venir en Franconie, à laquelle il donna le nom, puis en Gaule, fonder Paris, en l'honneur de son oncle Paris : Or' il est vray-semblable que Francion a fait tel voyage, d'autant qu'il le pouuoit faire, & sur ce fondement de vray semblance, i'ay basti ma Franciade de son nom : Les esprits conçoiuét aussi bien que les corps, Ayant donc vne extresme enuie d'honorer la maison de France, & par sur tout le Roy Charles neufiesme mon Prince, non seulemét digne d'estre loué de moy, mais des meilleurs escriuains du monde pour ses heroiques & diuines vertus, & dont l'esperance ne promet rien de moins aux François que les heureuses victoires de Charlemaigne son ayeul, comme sçauent ceux qui ont cet honeur de le cognoistre de pres, & ensemble desirant de perpetuer mon renom à l'immortalité : fondé sur le bruit commun, & sur la vieille creance des Chroniques de France, ie n'ay sceu trouuer vn plus excellent suiet que cestui-cy. Or' comme les femmes qui sont prestes d'enfanter choisissent vn bon air, vne saine maison, vn riche parrain pour tenir leur

EPISTRE.

enfant, ainsi i'ay choisi le plus riche argument, les plus beaux vers & le plus insigne parrain de l'Europe pour honorer mō liure, & soutenir mon labeur: Et si tu me dis, Lecteur, que ie deuois cōposer mon ouurage en vers Alexandrins, pource qu'ils sont pour le iourd'huy plus fauorablement receuz de nos Seigneurs & Dames de la Court, & de toute la ieunesse Françoise, lesquels vers i'ay remis le premier en honeur, ie te responds qu'il m'eust esté cēt fois plus aisé d'escrire mon œuure en vers Alexandrins qu'aux autres, d'autāt qu'ils sont plus longs, & par cōsequent moins suiets, sans la hōteuse cōsciēce que i'ay qu'ils sentēt trop leur prose, Or tout ainsi que ie ne les aprouue du tout, si ce n'est en tragedies ou versions, aussi ie ne les veux du tout cōdamner, i'en laisse à chacun son libre iugement pour en vser comme il voudra: Ie reuien seulement à ce qui touche mon fait: Ie ne doute qu'on ne m'accuse de peu d'artifice en ce que la harāgue de Iupiter au cōmencemēt de mō premier liure est trop lōgue, & que ie ne deuois commēcer par là, Tu dois sçauoir que trēte lignes de Latin en vallent plus de soixāte de nostre François, & aussi qu'il failloit que ie me seruisse de l'industrie des Tragiques, ou quand le Poëte ne peut desmesler son dire, & que la chose est douteuse, il fait tousiours comparoistre quelque Dieu pour esclaircir l'obscur de la matiere: les hōmes

EPISTRE.

mes ne sçauoient comme Francion auoit esté sauué du sac de Troye, vn seul Iupiter le sçauoit: Pource i'ay esté contraint de l'introduire pour mieux desnouër la doute, & donner à comprendre le fait, & mesmes à Iunon laquelle est prinse icy comme presque en tous autres Poëtes pour vne maligne necessité qui contredit souuent aux vertueux, comme elle fit à Hercule: mais la prudence humaine est maitresse de telle violente fatalité: Si tu vois beaucoup de Feintes en ce premier liure comme la descente de Mercure, l'ombre d'Hector, la venüe de Cybele, Mars transformé, i'ay esté forcé d'en vser, pour persuader aux exilez de Troye que Francion estoit fils d'Hector, lesquels autrement ne l'eussent creu, d'autant qu'ils pensoiét que le vray fils d'Hector estoit mort, & aussi que Francion auoit tousiours esté assez pauurement nourri, sans autorité Royalle, ny aucun degré de mediocre dignité. Quelque autre curieux en l'œuure d'autruy me reprendra dequoy ie n'ay suiuy la perfecte reigle de Poësie, ne commenceant mon liure par la fin, comme faisant embarquer Francion encore ieune, & mal experimenté: celuy doit entendre qu'Helenin son oncle l'auoit desia enuoyé en plusieurs beaux voyages, pratiquer les mœurs des peuples, & des Rois : & qu'à son retour en Cahonie où son Oncle & sa mere habitoyent, fut pressé de partir par la cô-

é

EPISTRE.

trainte du destin, imitant en cecy plustost Apolloine Rhodien que Virgile, d'autant qu'il ma semblé meilleur de le faire ainsi : & si tu me dis qu'il combat trop tost, & en trop bas aage le Tyran Phouere, ie te responds qu'Achille combatit en pareil aage, & renuersa les forteresses des alliez de Troye, ayant à peine laissé la robbe de femme qu'il portoit. son fils Pyrrhe fit de mesme, & beaucoup dauātage si nous voulons croire à Quinte Calabrois : Or Lecteur pour ne te vouloir trop vendre ma marchandise, ny aussi pour la vouloir trop mepriser, ie te dy qu'il ne se trouue point de liure parfait, & moins le miē, auquel ie pourray selon la longueur de ma vie, le iugement, & la syncere opinion de mes amis, adiouter ou diminuer, comme celuy qui ne iure en l'amour de soymesmes, ny en l'opiniastreté de ses inuentions. Ie te supliray seulement d'vne chose, lecteur, de vouloir bien prononcer mes vers & accommoder ta voix à leur passion, & non comme quelques vns les lisent, plustost à la façon d'vne missiue, ou de quelques lettres Royaux que d'vn Poëme bien prononcé : & te suplie encore derechef où tu verras cette merque ! vouloir vn peu esleuer ta voix pour donner grace à ce que tu liras : Bref quand tu auras acheté mon liure ie ne te pourray empescher de le lire ny d'en dire ce qu'il te plaira comme estant chose tienne, mais deuant que

EPISTRE.

me condamner, tu pourras retenir ce Quatrin par lequel i'ay fermé ce preface pour fermer la bouche à ceux qui de nature sont enuieux du bien & de l'honneur d'autruy.

Vn list ce liure pour aprendre,
L'autre le list cõmme enuieux:
Il est aisé de me reprendre
Mais malaisé de faire mieux.

Tu excuseras les fautes de l'Imprimeur: car tous les yeux d'Argus ny verroient assez clair: mesme en la premiere impression.

SONNET EN FAVEVR DE
MONSIEVR DE RONSARD,
& de sa Franciade.

QVELLE si docte main & quel papier si blanc,
 Ronsard, dy moy de grace, eternise ta gloire?
 Quelle plume de Cigne, & quelle ancre si noire,
 De l'oublieuse mort te deliure si franc?
Quelle faueur des Dieux, te retire du rang
 Obscur des Ignorans! Que dis-ie du rang? voire
 Te fait seul & premier qui du Loir & de Loire,
 Fais si haut retentir & l'vn & l'autre flanc?
De quelle cire vierge as tu tiré le miel
 De si douces chansons? Quelle ælle iusqu'au ciel,
 Hardy, t'a esleué! Et par quelle carriere?
Laisse tu vn Virgille, & vn Homere arriere?
 Le premier vers, Ronsard, de ta grãd FRANCIADE
 Vault toute l'Æneide & toute l'Iliade.

RENE BELLET ANGEVIN.

LES ARGVMENS DES QVATRE PREMIERS LIVRES DE LA FRANCIADE, par Am. Iamyn.

Argument premier.

EN ce laborieux ouurage de la Frāciade l'Auteur s'eſt propoſé la façon d'eſcrire des Anciens, & ſur tous du diuin Homere: Combien qu'en ce premier liure il ait principalemēt imité Homere & Virgile, ſi eſt-ce que l'ambarquement de Francus eſt à l'imitation d'Apolloine Rhodiē. Il reſſemble à l'Abeille Laquelle tire ſon proffit de toutes fleurs pour en faire ſon miel, auſſi ſans iurer en l'imitation d'vn des anciens plus que des autres, il conſidere ce qui eſt en eux de meilleur, dequoy il enrichiſt (comme toujours il a eſté heureux) noſtre langue francoiſe. Or pour venir à ce premier liure, qui eſt cōme le fondement & proiect du reſte du baſtiment, l'argument eſt tel: Apres que Frācus fut retourné du long voyage où ſon oncle Helenin l'auoit enuoyé en diuerſes nations pour en aprēdre les meurs & façōs, & par telle cognoiſſance ſe rēdre ſage, ruzé & pratiq capitaine, ce qu'Helenin auoit fait, ne voulant qu'il fuſt reconnu pour enfant d'Hector entre les Grecs, leſquels penſoient pour certain que Pyrrhe fils d'Achile l'euſt fait mourir le precipitant du feſte d'vne tour, Iupiter qui l'auoit ſauué du ſac de Troye & en lieu du corps vray auoit baillé vne feinte de luy à ſes ennemis, ſe reſouuenant du deſtin pour lequel il l'auoit garenty de ſi cruelle mort, & ſe repentant de la deſtruction de Troye, enuoye Mercure meſſager des dieux vers Helenin oncle paternel dudit Francus, afin qu'il l'aduertiſſe qu'elles ſont les de-

é iij

ARGVMENTS.

destinées de Françion son neueu, lequel depuis vn an laissoit rouiller sa ieunesse d'oisiueté sans soucy de reueler sus l'hôneur de ses ayeulx: Helenin apres auoir ouy le commandement de Iupiter, aussi que son esprit prophetique auoit preuoyance des destins, & presagioit la grandeur de son neueu fils d'Hector, Luy feit equiper quelque nombre de nauires, dans lesquelles il s'embarque & laisse Buthrote ville d'Epire où il faisoit sa demeure auec son oncle & sa mere Andromache: Le Poëte luy donne compagnie d'hômes guerriers par vne belle & gentille inuention:car le iour du mandemét de Iupiter, tous les Troyés banis estoient assemblez par le congé des Princes de la Grece pour choumer la feste de Cybelle leur Deésse, tous equippez d'armes telles que souloient porter les Corybâtes & Curetes, quand ils celebroient les honneurs de la mere des Dieux: Iunon se courrouce, voiat que la gloire des Phrygiés doit reflorir: Cybele & Mars fauorisent Françion & luy enflamét le cœur du desir de louange & de vertu. Helenin luy enseigne sommairement quel chemin il doit tenir sur la mer pour venir de Crete à l'emboucheure du Danube.

Argument du second liure.

Neptune gardant encore son courroux contre les Troyens à raison du pariure Laomedon, employe (outre ses forces) la puissance de Iunon d'Iris & d'Aeole pour se vanger sur Francus voulant enseuelir luy & ses destins soubs la mer. Françion tourmenté des tempestes & ayant perdu tous ses vaisseaux fut poussé côtre des rochers de l'Isle de Crete en laquelle vn Roy nommé Dicæé le reçoit auec toute honesteté & liberalité: Ce Roy courant vn Cerf rencôtre d'auâture ces Troyés endormis sur le riuage recreus de trauail & lassitude: Cybele auoit enuoyé à ce Roy le Dieu du Somne en songe pour luy donner enuie d'aller à la chasse ce mesme iour: Françion fait entendre à Dicæé son nom son païs & la ville & l'occasion de de son nauigage & son naufrage. Les fantolmes de ses compagnons que la tempeste auoit engloutis se presentent à luy la nuit suiuante ausquels il dresse des tombeaux vuides appellez en Grec κενοτάφια & leur fait des obseques. Apres il suplie la Deésse Venus qu'elle les vueille garder & fauoriser: Venus enuoye son enfant Amour pour blesser & rédre amoureuses les deux filles du Roy nómées l'vne Clymene, & l'autre Hyante, au mesme instât que Françion arriueroit au chasteau. Il se fait vn festin où Terpin chantre tresexcellent chante vn bel Hymne d'Amour. Dicæé triste conte à Françion la cause de sa tristesse, & comme son fils Oræe est detenu prisonnnier soubs la Tyrannie du Gean Phouere, Françion s'offre à combatre le Gean, ce qu'il fait de si magnanime courage & auec telle prouësse & dexterité qu'il le tue, & retire Oræe de sa captiuité. Dicæé bien ioyeux ambrasse le veinqueur & chante son honneur.

Argument du troisiesme liure.

Ce liure contient les amours d'Hyante & de Clymene: Clymene au cómencement par grand artifice, & par belles & cóme iustes remontrances s'efforce d'arracher l'affection amoureuse du cueur d'Hyante sa sœur afin que toute seule elle puisse iouïr de l'amour du Prince Troyen. Ces deux sœurs vont au temple pour sacrifier aux Dieux afin qu'ils destournent toute mauuaise passion de leurs esprits: Le fils d'Hector va sur le riuage de la Mer où il adresse sa priere à Apollon. Leucothoé fille de Proteé luy prophetise ses fortunes à venir & Dicæe offre au seigneur Troyen sa fille Hyante en mariage lequel le remercie s'excusant sur le destin. Oræé fils du Roy immole vne Ecatombe aux Dieux, Terpin chante vn bel Hymne à la Déesse Victoire. Venus changée en la vieille prestresse d'Hecaté vient au cheuet d'Hyante & enuironne le lict, de sa ceinture pleine d'estrange vertu. Francus celebre les funerailles d'vn grand Prince son cher amy, ie me doute que l'autheur entend icy dessous quelque grand Capitaine de nostre temps. Clymene furieuse, par le conseil de sa nourrice tasche de flechir Françion par vne lettre amoureuse: Cybele tranformée en Turnien có-

destinées de Françion son neueu, lequel depuis vn an laissoit
rouiller sa ieunesse d'oisiueté sans soucy de reueler sus l'honneur
de ses ayeulx: Helenin apres auoir ouy le commandement de
Iupiter, aussi que son esprit prophetique auoir preuoyance des
destins, & presagioit la grandeur de son neueu fils d'Hector,
Luy feit equiper quelque nombre de nauires, dans lesquelles
il s'embarque & laisse Buthrote ville d'Epire où il faisoit sa demeure auec son oncle & sa mere Andromache : Le Poëte luy
donne compagnie d'hômes guerriers par vne belle & gentille
inuention: car le iour du mandemét de Iupiter, tous les Troyés
banis estoient assemblez par le congé des Princes de la Grece
pour choumer la feste de Cybelle leur Déésse, tous equippez
d'armes telles que souloient porter les Corybátes & Curetes,
quand ils celebroient les honneurs de la mere des Dieux : Iunon se courrouce, voiát que la gloire des Phrygiés doit reflorir:
Cybele & Mars fauorisent Françion & luy enflamét le cœur
du desir de louange & de vertu. Helenin luy enseigne sommairement quel chemin il doit tenir sur la mer pour venir de Crete
à l'embouchure du Danube.

Argument du second liure.

Neptune gardant encore son courroux contre les Troyens
à raison du pariure Laomedon, employe (outre ses forces) la
puissance de Iunon d'Iris & d'Aeole pour se vanger sur Francus voulant enseuelir luy & ses destins soubs la mer. Françion
tourmenté des tempestes & ayant perdu tous ses vaisseaux fut
poussé côtre des rochers de l'Isle de Crete en laquelle vn Roy
nommé Dicæé le reçoit auec toute honesteté & liberalité : Ce
Roy courant vn Cerf rencôtre d'auáture ces Troyés endormis
sur le riuage recreus de trauail & lassitude : Cybele auoit
enuoyé à ce Roy le Dieu du Somne en songe pour luy donner enuie d'aller à la chasse ce mesme iour: Françion fait entendre à Dicæé son nom son pais & sa ville & l'occasion de
de son nauigage & son naufrage. Les fantosmes de ses compagnons que la tempeste auoit engloutis se presentent à luy

ARGVMENTS.

la nuit fuiuante, aufquels il dreffe des tombeaux vuides appellez en Grec κενοτάφια & leur fait des obfeques. Apres il fuplie la Déeffe Venus qu'elle les vueille garder & fauorifer: Venus enuoye fon enfant Amour pour bleffer & rédre amoureufes les deux filles du Roy nómées l'vne Clymene, & l'autre Hyante, au mefme inftát que Françion arriueroit au chafteau. Il fe fait vn feftin où Terpin chantre trefexcellent chante vn bel Hymne d'Amour. Dicæé trifte conte à Françion la caufe de fa trifteffe, & comme fon fils Oræe eft detenu prifonnnier foubs la Tyrannie du Gean Phouere, Françion s'offre à combatre le Gean, ce qu'il fait de fi magnanime courage & auec telle proueffe & dexterité qu'il le tue, & retire Oræe de fa captiuité. Dicæé bien ioyeux ambraffe le veinqueur & chante fon honneur.

Argument du troifiefme liure.

Ce liure contient les amours d'Hyante & de Clymene: Clymene au cómencement par grand artifice, & par belles & cóme iuftes remontrances s'efforce d'arracher l'affection amoureufe du cueur d'Hyante fa fœur afin que toute feule elle puiffe ioüir de l'amour du Prince Troyen. Ces deux fœurs vont au temple pour facrifier aux Dieux afin qu'ils deftournent toute mauuaife paffion de leurs efprits: Le fils d'Hector va fur le riuage de la Mer où il adreffe fa priere à Apollon. Leucothoé fille de Proteé luy prophetife fes fortunes à venir & Dicæe offre au feigneur Troyen fa fille Hyante en mariage lequel le remercie s'excufant fur le deftin. Oræé fils du Roy immole vne Ecatombe aux Dieux, Terpin chante vn bel Hymne à la Déeffe Victoire. Venus changée en la vieille preftreffe d'Hecate vient au cheuet d'Hyante & enuironne le lict, de fa ceinture pleine d'eftrange vertu. Francus celebre les funerailles d'vn grand Prince fon cher amy, ie me doute que l'autheur entend icy deffous quelque grand Capitaine de noftre temps. Clymene furieufe, par le confeil de fa nourrice tafche de flechir Françion par vne lettre amoureufe : Cybele tranformée en Turnien cópagnon de Francus l'admoneste de courtizer Hyante pour aprendre & sçauoir d'elle les Rois lesquels doiuent sortir de son sang: la mesme Deéffe s'en vole apres en l'Antre de la Ialousie: La Ialousie infecte de son venin la poitrine de Clymene. En fin Clymene poursuiuant son faulx Dæmon tourné en la figure d'vn sanglier s'eslance dedans le goufre de la mer. Les Dieux en font vne Deesse marine.

Argument du quatriesme liure.

Dicæe se courrouce sachant la mort de sa fille Clymene, & pense comme il doit punir Françion qu'il soupçonnoit en estre cause. Ce Prince Phrygien fait entendre à Hyante l'amour qu'il luy porte: Hyante & Francus vont le lendemain au temple: vne corneille parle & aduertist Amblois de n'accompagner Francion: Ce Prince suplie Hyante de luy monstrer les Rois qui sortiront de son estoq. Hyante discourt si elle doit aimer ou nom: Elle commande à Françion d'aprester vn sacrifice aux esprits des enfers, & se parfumer d'encens masle & autres semblables suffumigations: Il obeït à ce commandement: Le Poëte descrit vne fosse & horrible descente aux enfers: Apres que Francus a immolé la victime & inuoqué toutes les puissances de l'empire de Pluton, Hyante vient toute tramblante & folle de fureur, laquelle prophetise audit Francus son voyage és Gaules: Elle predit le songe du fantosme qui doit aparoistre à Marcomire, & ce que fera Marcomire ayant en son armée trois cens capitaines. Apres elle discourt comme les Ames viennent & reuont en nouueaux corps, & dequoy tout ce qui est viuant en ce monde prend sa naissance. Que deuiennent les ames le corps mourant, quelle punition elles endurent aux enfers pour leurs pechez, & comment elles s'en purgent, & par quel espace de temps. Françion sacrifie de rechef aux Deitez infernalles, & les ames sortent incōtinent pour

boire

ARGUMENTS.

boire du sang de la victime. Lors il demande à Hyante qui sont ceux qu'il voit, & par ce moyen apprend sommairement l'vn apres l'autre les noms des Rois de France, les actes infames des vitieux : & les gestes magnanimes des vertueux. Bref ce liure est des plus beaux pour estre diuisé en quatre parties : la premiere est d'amour, la seconde de Magie, la troisiesme de la philosophie pythagorique apelleé par les grecs μετεμφύχωσις: l'auteur se sert exprés de cette fausse opinion afin que cela luy soit comme vn chemin & argument plus facile pour faire venir les esprits de noz Rois en nouueanx corps: Car sans telle inuention il eust fallu se montrer plustost historiographe que Poëte: La quatriesme partie consiste au narré de la premiere generation des monarques de France iusques à Charles le grand duquel commence la seconde generation.

IN FRANCIADA P. RONSAR-
DI AD CAROLVM REGEM
G. Valens Guellius.

Græco igni Troiæ populandáque mœnia ferro
   Fatidico cæcus dum canit ore senex,
Ne sic posse quidem deleri certior author
   Troiam omnem spondet, Dardaniúmque genus,
Priamidis vir Phœbi orbis promittit habenas,
   Pergama Neptuni vel rediuina fide:
Hectoris hoc manes responsum vlciscitur, inde
   Cœpit & Auroræ lætior esse torus,
Hanc reor & pridem voluens sub pectore sortem,
   Carole, te & fratres indigitare tuos,
Auguriíque fide tantò maiore teneri,
   Quò magis Atridis Græca camæna fauet,
Scilicet expressit inimico à vate Sacratus
   Æneadûm Danais fata timenda furor,
Fors & Mæonides possit te rege renatus
   Corpore Ronsardi nube latere noua,
Sera sua vt tandem præsens oracula firmet,
   Et pandat fato debita regna tibi,
Possit & interdicto aliis superesse labori,
   Qualis Alexandro Coa dicata manus,

Solius vt solus tua cùm cantauerit acta,
   Suspendat Phæbo dona reposta tubam,
Vtcúnque est, seu Mæonius, seu musa reuixit
   Vt tu à Pelide cura secunda fores,
Non posthac patriæ incerta iactabitur aura,
   Natales tantos prodidit ipsa dies,
Vindocinum, vt Delos Phæbi, si vindicat ortus
   Ronsardi, cur non possit Homere tuos?

AV SEIGNEVR DE RONSARD.

Il ne te faut, Ronsard, ny louer, ny chanter,
   En chantant noz ayeulx, tu te chantes comm'eux,
   Du chant du rossignol, & sons harmonieux
   Du grand cigne François nul ne pourroit doubter:
Mais si quelque Zoile à ta muse attenter
   Vouloit, qui t'a logé si auant dans les cieux,
   Luy souuienne comment Bacchus pour vn des dieux
   Des Pirates cogneu se faisoit redouter
Le Lierre & la vigne à sa marche naissoit,
   Le vin dessous ses pieds la carene emplissoit:
   Ou, Ronsard, que ton chef honneste se manie,
Sourd corymbe, & Laurier, de ton pied l'hippocrene,
   Les Corsaires poissons deuindrent pour leur peine,
   Plus muette qu'eux tous tu rendras ton enuie.

               P P.

IN P. RONSARDI FRANCIADA.

AB Ioue qui stirpis ducis cunabula nostræ,
    Celticáque in Phrygios nomina condis auos,
Ronsarde, est tibi cum nostra communis origo
    Hæc gente, at proprium dat tibi musa decus.
Hac duce de Danaö statuis victore trophæum,
    Vestæ ignes Troiam, Palladiúmque refers,
Pergama & argutis fidibus congesta reponis,
    Qualis sub magno Laömedonte deus,
Procuras temerata tuæ delubra Mineruæ,
    Numinibus Phœbi vindicis vltus auos,
Insultat, nec inulta, feris Cassandra Mycenis,
    Confatalis amor vatibus atque Deo,
Versis vt fatis miserabile lugeat Argos,
    Inuideat sub humo Mæonidésque tibi.

P P.

France tuo frueris rediuiuus sole soloque,
    Ronsardi Francis te tuba restituit.
I. DE LAVARDIN.

IN PETRI RONSARDI FRAN-
CIADA IO. AVRATVS
Poëta Regius.

Vppiter è Phrygia seruauit turre cadentem
  Ficto dissimulans Astyanacta dolo.
Scilicet ut Francos mutato nomine Reges
  Conderet, vnde suos Francia iactat auos.
A Ioue seruatæ periisset tempore rursus
  Astyanacteæ gloria tota domus.
Ni Iouis exemplum tu nunc Ronsarde secutus
  Fictis seruasses Astyanacta modis.

IN P. RONSARDI FRANCIADA.

Æmula Smyrnæo contendens Mantua ciui
Liquerat incertis nutantia præmia Musis.
At nunc, Virgilius magno ne pugnet Homero,
Sustulit ambiguæ tandem certamina palmæ
Francias, & veterem litem interiecta diremit.
Sic medius, Ronsarde, sedes, tantæ arbiter artis
Vt neuter primus, sed sit tibi vterque secundus.

                    I. PASSERATIVS.

SONNET.

Autant que la trompette ame du belliqueur
    Passe d'vn son hardi la musette ruralle,
    Autant Ronsard ta Muse à qui rien ne s'egalle
    Des vieux & des nouueaux te chante le vainqueur.
Pan quitteroit sa flute & du Thebain sonneur
    L'ode tant rechantee en ses monts de Menale
    Pour escouter l'accord de ta chanson royale,
    Et ton vers de Francus & de Charles l'honneur.
Qui dira maintenant, si par toute l'Europe
    Florist le chœur diuin des sœurs de Calliope
    Que l'auteur de leur estre est le grand Iupiter?
Hé qui n'entend crier les Muses par la France?
    Iupiter ne se doibt nostre pere vanter,
    Le cerueau de Ronsard nous a donné naissance.

                              AMADIS IAMIN.

SONNET.

Qui m'ozera nier la vieille opinion
   De naistre en nouueaux corps, si docte il considere
   Reuiure en cet auteur Virgile aueq Homere
   Qui semblables ne font qu'vne entiere vnion?
Trois vnitez en tout font la perfection
   Et pour la Poësie en ces trois vn, parfaire,
   Il failloit ce troisiesme au nombre satisfaire
   Egal à la romaine & greque nation.
Celuy qui veut portraire au vif toutes les Muses
   Et les sainctes fureurs par Apollon infuses
   Et le dieu Delien qui les poëtes fait,
Bref qui veut en tableau montrer la Poësie,
   Deesse qui du ciel tombe en la fantasie,
   Qu'il tire de Ronsard seulement le portrait.

                      AMADIS IAMIN.

PVIS que tu es le premier de ton art,
On ne te doit de fueilles couronner:
Mais bien il faut que les roses Ronsard
Puissent tousiours ton front enuironner.

SI. NICOLAS
segretaire du Roy.

SONNET.
A P. DE RONSARD.

RONSARD tu dois l'honneur de ce diuin ouurage,
Aux gestes de Frãcus tige de tant d'ayeulx
Noz Rois, de qui le bras aux armes glorieux
A conquis par le fer des Gaules l'heritage.
 Ta gloire doit encore à Charles dauantage
Qui leue par ses faits ton esprit iusqu'aux cieux,
Vn fertille suiect nous rend ingenieux
Et plus qu'vn Apollon nous enfle le courage.
 Homere sans les faits d'vn Achille & d'Hector
Fust auiourd'huy sans nom: mille anciens encor
En faisant viure autruy viuent en leur memoire.
 Vn sçauant Escriuain n'est rien que le miroir
Qui la morte vertu viue nous fait reuoir,
Et de l'auteur des faits il enfante sa gloire.

                      DE TROVSSILH.

Tel fut Ronsard, autheur de cét ouurage,
Tel fut son œil, sa bouche & son visage,
Portrait au vif de deux crayons diuers:
Icy le Corps, & l'Esprit en ses vers.

SONNET.
A P. DE RONSARD.

ES beaux vers animez de la saincte
fureur
Qui roule de Permesse, au ciel ont fait
querelle:
Amour se dit seigneur de la source im-
mortelle
Dont premier tu puisois vne si douce humeur.
   Mars armé de ta main, & de la viue ardeur
Qui fait viure les Rois malgré l'onde cruelle,
Iure l'œuure estre sien, comme la trouppe belle
Des vierges d'Helicon, ne t'en iuge l'auteur.
   Quant le Dieu Delien, le pere de ta lyre,
Et pere de tes vers, humain, apaise l'ire
De ces Dieux mutinez: C'est bien & vous & moy.
   Dist-il, qui luy donnons cette aleine diuine,
Mais autre Dieu là bas n'échauffe sa poitrine,
Que la sainte faueur de CHARLES son grand Roy.
                         R. BELLEAV.

Tu n'as, Ronsard, composé cet ouurage,
Il est forgé d'vne royalle main,
CHARLES sçauant victorieux & sage
En est l'autheur, tu n'es que l'escriuain.

A. l.

LE
PREMIER LIVRE DE LA FRANCIADE,

AV ROY.
TRES-CHRESTIEN, CHARLES,
NEVFIEME DE CE NOM.

PAR PIERRE DE RONSARD,
GENTILHOMME VANDOMOYS.

M*vse qui tiens les sommets de*
Parnasse
Guide ma langue, & me
chante la race
Des ROYS FRANCOYS
yssuz de Françion
Enfant d'Hector troyen de
nation,
Qu'on apelloit en sa ieunesse
tendre
Astyanax, & du nom de Scamandre:
De ce Troyen raconte moy les maux,
Guerres, desseings, & combien sur les eaux

A

Il a de fois (en despit de Neptune
Et de Iunon) surmonté la Fortune,
Et sur la terre eschapé de peris,
Ains que bastir les grands murs de Páris.
 CHARLES MON PRINCE enflez moy le courage,
En vostre honneur i'entrepren cet ouurage,
Soyez mon guide, & gardez d'abismer
Ma nef qui flotte en si profonde mer.
 Desia vingt ans auoient franchi carriere,
Depuis le iour que la Grece guerriere
Auoit brulé le mur Neptunien:
Quand du haut Ciel le grand Saturnien
Iettant les yeux dessus Troye deserte,
Fut courroucé d'vne si grande perte:
D'vn chef despit sa perruque esbranla,
Puis au Conseil tous les Dieux apela.
 Du Ciel d'airain les fondemens tramblerent
Desous le pié des Dieux qui s'assemblerent
Allant de ranc en leur siege apresté:
 Lors Iupiter pompeux de maiesté
Les surmontant de puissance & de gloire,
Haut s'esleua sur son trosne d'iuoire
Le sceptre au poing, puis fronsant le sourcy,
Renfrongné d'ire, aux Dieux parloit ainsi.
 Ie n'ay iamais telle douleur receuë
Pour les Mortels ne pour les Dieux conceuë,
Que ie fy lors qu'on bruloit Ilion:
Quand le cheual enflé d'vn million

LA FRANCIADE.

D'hommes guerriers, de sa voute fermée
Versa dans Troye vne moisson armée
D'espieux d'escuz de lances & de dards,
Flambans és mains des Argiues soudards:
 Non seulement les Dolopes gensdarmes
Passoient les corps par le tranchant des armes,
Mais noz maisons, sacrileges, pilloient
Et de leurs Dieux les autels despouilloient,
Qui nuict & iour par la ville Troyenne
Nous honoroient d'vne odeur Sabeene:
 Là forcenoient deux tygres sans mercy
Le grand Atride, & le petit aussy
Ioyeux de sang: le carnacier Tydide
Et le superbe heritier d'Aeacide,
Le grand Aiax seigneur du grand boucler:
Leurs morrions brilloient comme vn esclair
Qui cà, qui là s'eclatte de la nuë:
 Ces furieux pauoient toute la rue
D'vn peuple au lit surpris & deuestu,
Du fer ensemble & du feu combatu.
 Ainsi qu'on voit vne fiere lionne
Que la fureur & la faim espoinçonne
Trancher macher le debile troupeau:
Entre ses dens sanglante en est la peau
Qui pend rompue en sa machoire teincte:
Le Pasteur fuit qui se pasme de crainte!
 Ainsi les Grecs detailloient & brisoient
Le peuple nu: Les feux qui reluisoient

A ij

Sur les maisons à flames enfumées
Donnoient lumiere aux Princes des armées
Au meurtre au sang: Vn si cruel effort
Montroit par tout l'image de la Mort.
 Et toy Iunon dessus la porte assise
Hastois les Grecs ardans à l'entreprise
Auecq Pallas (qui sur le haut sommet
Du premier mur, horrible en son armet
Que la Gorgone asprist de meinte escaille)
De sa grand pique esbranloit la muraille
Coup dessus coup, & d'vne forte voix
Comme vn tonnerre apelloit les Gregeois
Les animant à la vengeance pronte,
Dont toutes deux deuriez rougir de honte,
D'auoir destruit vn royaume si beau,
Fait qu'Ilion n'est plus qu'vn grand tombeau,
Et que Priam monarque de l'Asie
Sang de sur sang a respendu sa vie
Sur ses enfans, qui auoit surmonté
Tous les mortels en iustice & bonté,
 Ce Roy pleurant son estat miserable
En cheueux gris en barbe venerable
Du cruel Pyrrhe indignement pressé,
Sur mon autel me tenoit ambrassé:
Quand il receut en sa gorge frapée
De l'Achillin le reuers de l'espée,
Qui d'vn grand coup le chef luy decola:
Bien loing la teste en sautelant alla!

LA FRANCIADE.

Le corps sans nom sans chaleur & sans face
Comme un grand tronc broncha dessus la place.
　Cet arrogant qui les Dieux despitoit
Qui de fureur son pere surmontoit,
Non seulement sur la troyenne place
Cueur sans mercy tranchoit la populace,
Mais outrageoit le sexe feminin
Qui de nature est courtois & benin.
　Il poursuiuoit au trauers de la flame,
Du preux Hector Andromache la femme
Qui gemissant pourneant son destin,
Escheuelée, auoit à son tetin
Son fils pendu, en qui le vray image
Du grand Hector estoit peint au visage:
　Des bras aymez ie derobé le fils
Lors en sa place une Feinte ie fis,
Que ie formé du vain corps d'une nuë
Pour estre un iour en lieu de luy conneuë
Du tout semblable à l'heritier d'Hector,
Mesmes cheueux crespeluz de fin or
Les mesmes yeux le front mesme & la taille:
Puis cette Feinte à la mere ie baille
Pour la donner à Pyrrhe : & tout soudain
Enueloppant l'enfant dedans mon sein
Loing le sauuay de l'espée homicide:
Le vain sans plus fut proye d'Aeacide.
　Ie l'aduerty d'aller trouuer apres
Son fils au temple, où deux cheualiers Grecs

A iiij

L'une sur l'autre amonceloient la proye,
Tout l'or captif de Priam & de Troye,
Femmes enfans & vieillards enchainez
De leurs maisons par les cheueux trainez :
Et qu'il auroit pour merque manifeste
L'ardent esclair d'une flame cœleste
Au haut du chef, en signe qu'il seroit
Pasteur de peuple, & qu'un iour il feroit
Naistre des Rois, à qui la destinée
Auoit la terre en partage donnée,

Ie n'acheuois de parler, que voicy
Pyrrhe venir, qui rauit tout ainsi
L'image feint hors des bras de la mere,
Qu'un loup le fan d'une biche legere :
Il le porta sur le haut d'une tour,
D'où le roüant & tournant de meint tour
En tourbillons, d'un bras armé le ruë
Pié contre-mont au trauers de la ruë
A chef froissé, par morceaux decoupé :
Mais le Grec fut de ma ruse trompé.

Car Francus vit, & maugré toute enuie
De ses poumons va respirant la vie
Dedans Buthrote, en ces Champs, où la voix
Vit prophetique és chesnes Dodonois,
Pres d'Helenin son oncle & d'Andromache
Qui sans honneur par les tourbes le cache.

Desia la fleur de son age croissant
Va d'un poil d'or son menton iaunissant,
Et tout son cueur bouillonne de ieunesse :

Ie ne veux plus qu'il languisse en paresse
Comme incogneu sans Sceptre & sans honneur,
Mais tout remply de force & de bonheur,
Ie veux qu'il aille où son destin l'apelle
Tige futur d'vne race si belle:
Sans plus en vain consommer son loisir
Parte delà : tel est nostre plaisir.

 Il dist ainsi : les Dieux qui s'esleuerent,
Tous d'vn accord sa parolle aprouuerent
En murmurant comme flots de la mer
De qui le front commence à se calmer,
Quand Aquilon assoupist son orage,
Et l'onde bruit doucement au riuage.
Les Dieux s'en vont, Iupiter ne bougea,
Puis de tels mots son espouse outragea.

 Or' pour t'ouurir, Iunon, les destinées
Qui pour Francus au ciel sont ordonnées
Ie te diray (si tu le veux sçauoir)
Que meint trauail ce Troyen doit auoir
Par ton courroux qui les meilleurs offense:
,, Tout cueur de femme est aspre à la vengeance.
Il doit souffrir meint peril sur la mer,
Tantost icy, tantost de là ramer
Pendu sur l'onde: il doit voir meint riuage,
Meinte cité, & meint peuple sauuage,
Meint Roy, meint Prince, & connoistre leurs cueurs
Leurs volontez, leurs façons & leurs mœurs.
Doit voir la terre où plein de vagues noüe
A gros bouillon, le cours de la Dunoüe,

LE I. LIVRE DE

Doit espouser l'heritiere d'un Roy
De Germanie: Ainsi la Parque & moy
Donnons arrest que les grands roys de France
D'un sang meslé prendront un iour naissance
Conioinct ensemble au Troyen & Germain.
  De là Francus magnanime à la main
Pasteur guerrier d'une troupe infinie
Doit surmonter les champs de Françonie
Qu'il nommera de son nom redouté:
  Là le malheur par qui l'homme est donté,
Le rauira de sa femme espousée
Grosse de luy: l'inuincible fusée
Du fier Destin ne veut que ce Troyen
Mene une femme au champ Parisien.
  De là veinqueur trauersant l'Alemagne
Voirra du Rhin le grand canal qui bagne
La riche Gaule (où suant de trauaux
Pour rafraichir gendarmes & cheuaux)
Ce fleuue amy boira quelque iournée:
  De là suiuant sa longue destinée
Tout flamboyant en l'esclair du harnois
Descampera du riuage Gaulois.
  Comme un torrent qui s'enfle & renouuelle
Viendra couurir les champs de la Mozelle,
Puis en l'honneur de son oncle Pâris
Aux bords de Seine ira fonder Paris
Siege royal d'un sceptre si superbe.
  Or ce Paris qui maintenant n'est qu'herbe,

Isle

LA FRANCIADE.

Isle serrée entre deux flots tortuz,
Dedans le Ciel enuoira ses vertuz,
Et ses maisons en marbre elabourées
Voisineront les estoilles dorées.

Deuant le mur meint combat se fera,
Seine, de meurtre à bouillons s'enflera
Tournant sanglante à courses vagabondes
Hommes cheuaux & armes sous les ondes.

Mais ce Francus par hautesse de cueur
Des ennemis sera tousiours veinqueur.

Incontinent que la belle victoire
L'aura couuert d'eternelle memoire,
Ia faict des Cieux immortel citoyen:
En peu de iours le braue nom Troyen
Perdra son lustre, & la ville deserte
Sera de poudre & de buissons couuerte.

Mais aussi tost que les destins auront
Parfaits leurs cours, un Prince Pharamond,
Prince de haute & superbe pensée,
Fils d'un des fils de la Royne laissée
En Françonnie, estant Germain conceu,
Et des Troyens de droitte ligne yssu,
Suiuant l'Oracle & ma voix veritable,
Fait Capitaine aux peuples redoutable,
Par l'Alemagne un camp amassera
Qui les sablons de nombre passera.

Le Ciel luira sous l'esclair de ses armes
Et ses soldats ses pietons ses gensdarmes

B

Les vns à pié, les autres en cheuaux
Rompront la terre, & tariront les eaux.
 De luy naiſtra le grand Roy Merouée
Par qui ſera la ville releuée
Et les honneurs de ſon ayeul Francus.
Ayant la gaule & les gaulois vaincuz
Ores par ruſe, & ores par bataille,
Rebaſtira de Páris la muraille
Et de rempars ſon mur enfermera:
 La gaule apres de Francus nommera
Chef des François, qui pour la ſouuenance
D'vn ſi grand prince aura le nom de France.
 De Meroué des Peuples conquereur,
Viendra meint prince, & meint grand empereur
Haut eſleuez en dignité ſupreſme:
Entre leſquels vn Roy CHARLES neufieſme,
Neufieſme en nom & premier en vertu
Naiſtra pour voir le monde combatu
Deſous ſes pieds, d'où le ſoleil ſe plonge,
Et d'où ſes rais ſur la terre il allonge,
Et s'eſlançant de l'humide ſeiour
Aporte aux Dieux & aux hommes le iour.
 Iamais Hercule en tournoyant la terre,
Ny l'Indian remparé de lierre
L'vn en ſon char & l'autre à pié, n'eut tant
Le glaiue au poing d'honneur en combatant,
Bien que l'vn ayt à grand coups de maſſuë
Aſſommé l'Hydre & les fils de la Nuë,

LA FRANCIADE.

Et l'autre armé de *Thyrses* menaçans,
Ayt surmonté tant de peuples puissans.
 De ce grand Roy ie n'ay borné l'empire,
L'an si dispos qui se change & se vire
Cassant des Rois les sceptres & la loy,
Ne perdra point l'empire de ce Roy,
Qui florira comme vne chose ferme
En son entier, sans limite & sans terme.
 Toutes grandeurs desous luy prendront fin
Maistre du monde : Ainsi le fort destin
L'a fait escrire és voutes azurées
Du plus haut Ciel en graueures ferrées,
Estant ce Roy du monde spatieux
Entier seigneur, & moy de tous les Cieux.
 Et si tu veux contre nous entreprendre
Tu te verras au milieu de l'Air pendre,
Puis à tes pieds, Iunon, i'attacheray
Ma grosse enclume, ou ie te chasseray
D'vn tour de bras par le trauers des nuës :
Ou sous le creux des terres inconneuës
Ie t'enuoiray pour iamais ou long temps
Dans les enfers compagnes des *Titans*,
Et te feray à ton malheur connoistre
Que ie suis seul ton espoux & ton maistre.
 Disant ainsi, Mercure il apela.
Mercure adoncq legerement alla
Pront messager, qui aux Dieux obtempere
Deuant le trosne où l'apeloit son pere.
         B ij

Volle, descens, où Francus est nourry
   Di que ie suis ardentement marry
Contre sa mere & ceux qui le retiennent,
Et des destins promis, ne leur souuiennent.
   Ie ne l'ay pas du feu gregois sauué
Pour estre ainsi de paresse agraué,
Vn fait-neant en la fleur de son age,
Mais i'esperois que d'vn masle courage
Iroit vn iour des Gaules surmonter
Le peuple dur, & fascheux à donter,
Chaut à la guerre, & ardent à la proye
Pour y fonder vne nouuelle Troye.
Pource desloge, & le fais en aller:
Le temps perdu ne se peut r'apeler.
   A peine eut dit que Mercure s'apreste:
Sa Capeline affubla sur sa teste,
De Talonniers ses talons asortit,
D'vn Mandillon son espaule vestit,
A frange d'or ami-iambe escoulée,
   Prist sa Houssine à deux serpens aslée,
Puis se plongeant de son long, en auant
Dedans la Nuë, à l'abandon du vent
Fendoit le Ciel, ores planant des aisles,
Ores hachant coup sur coup des aisselles,
Ores à poincte, & ores d'vn long tour
Enuironnoit le Ciel tout à l'entour.
   Ainsi qu'on voit aux riues de Meandre
L'oyseau de proye entre les airs se pendre

Puis s'eslancer à pointes de roydeur
Sur les Canards herissez de froideur,
Tremblans de voir le Gersault qui ombrage
D'vn corps plumeux tout le haut du riuage.

 Apres qu'il eut de ciel en ciel volé
Finallement de son tallon aislé
Se vint planter au bord d'une valée,
Où Andromache estoit ce iour allée
Auecq son fils, pour repaistre ses yeux
Des ieux sacrez à la mere des Dieux.

 Ce iour estoit la feste solennelle
Que tous les ans on choumoit à Cybelle
Au mois d'Auril, saison où la rigueur
De son Attis luy eschaufa le cueur,
Que les Troyens auoient en reuerence,
De fils en fils l'honorant par vsance.

 Or ces captifs en Argos espanduz,
De tous costez aux ieux s'estoient renduz
Par le congé des princes de la Grece,
Pour celebrer le iour de leur Deésse.

 Eux equipez de boucliers & de dards
Contre-imittoient ces antiques soudards
Les Corybans, qui serrez d'une bande
S'armoient autour de Cybelle la grande.

 Les plus vieillards d'un baston secouruz,
Les iouuenceaux y estoient accouruz,
Femmes enfans, se souuenant encore
D'Ide & de Troye, où la Mere on adore.

B iij

A l'impourueu Mercure est arriué
Qui Helenin discourant a trouué
(Bien loing du bruit, pres le riuage humide)
Sur les destins de Francus Hectoride.

 Le resueillant d'vn pronfond pensement
Ce Dieu luy dist : Oy le commandement
De Iupiter, qui courroucé m'enuoye
Parler à toy par la celeste voye.

 Va, (ma-t'il dit,) où Francus est nourry,
Dy que ie suis ardantement marry
Contre sa mere & ceux qui le retiennent,
Et des destins promis ne leur souuiennent.

 Ie n'ay Francus du feu gregeois sauué
Pour estre ainsi de paresse agraué
Vn fait-neant en la fleur de son age,
Mais i'esperois que d'vn masle courage
Iroit vn iour des gaules surmonter
Le peuple dur & facheux à donter,
Chaut à la guerre & ardent à la proye,
Pour y fonder vne nouuelle Troye,
Dont la memoire en tous temps floriroit,
Et par le feu iamais ne periroit.

 Pource Helenin, & toy mere Andromache
N'acazanez en paresse si lasche
L'enfant d'Hector, à qui les Cieux amis
Ont tant d'honeurs & de sceptres promis:
Qui doit hausser la race Priamide,
Doit abaisser la grandeur Aezonide

LA FRANCIADE.

Doit veincre tout, & qui doit vne fois
Estre l'estoc de tant & tant de rois,
Et par sur tous d'vn Charles, qui du monde
Doit en la main porter la pome ronde.
   Fay luy dresser & viures & bateaux,
Fay le marcher sur l'echine des eaux
Aux lieux promis, où son destin le meine.
„ Vn grand honneur vient d'vne grande peine.
   Il n'auoit dit, que plustost qu'vn esclair,
Haussé d'vn vol s'esuanouit en l'air
Loing de la terre, ainsi qu'vne fumée
Qui dans la nue en rien est consommée,
Laissant la femme & le mary peureux
De veoir vn Dieu venir du ciel vers eux
Plein de menace & d'esperence estrange,
Meslant vn blasme auec vne louange,
Qui de frayeur les faisoit emouuoir
Et dueil ensemble & plaisir conceuoir.
   En-cependant la ieunesse Troyenne
Haut inuoquant la Berecynthienne
Toute rauie en son nom immortel
D'encens fumeux honoroit son autel:
   Les vns auoient leurs perruques couuertes
D'vn large pampre au grandes fueilles vertes,
Au nœuds retors des Zephyres souflez:
   Les vns frapoient les tabourins enflez,
Les vns au son de la flutte persée
Fouloient la terre, autres fols de pensée

Comme agitez de fureur fauteloient,
Autres chargez de grands boucliers baloient
Vn branle armé, autres de voix aiguës
Faifoient fonner les foreftz cheueluës
Et retentir les rochers d'alentour :
  Les crus-vieillards d'vn grand & large tour
Icy danfoient à teftes couronnées,
  Là, la ieuneffe aux plaifantes années
De pieds de mains & de voix refpondoient,
Et leurs chanfons aux vieillards accordoient.
  Le preftre orné d'vne Sotane blanche,
Ceint d'vne boucle au deffus de la hanche,
Bien enmitré de pin, les deuançoit,
Et les honneurs de Cybelle danfoit.
  Entends du ciel tes loüanges, Cybelle,
Mere des Dieux, ieune, ancienne, & belle,
Qui as le chef de citez atourné,
Qui as ton char en triomphe tourné
Par deux lions quand toy mere honorée
Montes au Ciel à la voute dorée
Pour au meilleu de tes enfans t'affeoir
  Saincte qui fais vne frayeur auoir
Au cueur malin qui moque tes myfteres,
Ayme-rochers, ayme-bois folitaires,
Mere, Déeffe, ayme-bal, ayme-fon
De ces Guerriers qui font le limaçon
Autour de toy, quand haute fur ta troupe
Des monts Troyens tu vas foulant la croupe

Des

LA FRANCIADE.

Pleurant Attis ton mignon tresaymé
Qui fut d'enfant en vn Pin transformé.
　Tu as choisi des hommes pour compagnes,
Tu as esleu les Troyennes montagnes,
Prenant plaisir au sommet Ideän,
Aimant sur tous le peuple Phrygian.
　Sois nous propice, ô grande & saincte mere,
Oste noz cols de seruitude amere,
Et de captifs donne nous liberté:
Assez Deësse, assez auons esté
Foulez aux pieds par ceste greque audace.
　Donne qu'vn iour quelcun de nostre race
Refonde troye, & qu'il repousse encor
Iusques au ciel le noble sang d'Hector,
Redonne nous vn royaume, & rassemble
De toutes pars tous les Troyens ensemble:
Dessus la Grece enuoye noz honeurs,
Et nous faits d'elle, & du monde seigneurs.
　Disant ces mots il redoubla la danse:
Le peuple suit le Prestre à la cadance:
Le temple en bruit: Cybelle qui ouit
Telle requeste au Ciel s'en resiouit.
　En-cependant la pronte Renommée
Au front de vierge, à l'echine emplumée,
A la grand' bouche, auoit ia respandu
Que Mercure est du haut Ciel descendu,
Et qu'il auoit d'vne voix corroucée
Par Iupiter Andromache tansée,

C

Et par sus tous Helenin qui sçauoit
L'arrest de fer que le destin auoit
Escrit au ciel pour cet enfant qu'on nomme
Astyanax, qui paresseux consomme
Son age en vain sur le bord estranger,
Sans du malheur les troyens reuanger.
 Cette Déésse à bouche bien ouuerte,
D'oreilles d'yeux & de plumes couuerte
Semoit par tout qu'Astyanax estoit
Enfant d'Hector, & qu'on luy aprestoit
Meinte nauire en armes ordonnée,
Pour aller suiure ailleurs sa destinée,
Prince inuincible, & que seul il feroit
Que le Troyen du Grec triompheroit :
Et qu'il failloit que la ieunesse actiue,
Qui par la Grece est maintenant captiue
Suiuist Francus futur pere des Rois,
Qui s'en alloit dedans le champ Gaulois
Replanter Troye & la race Hectorée
Pour y regner d'eternelle durée.
 Ainsi disoit la Fame : cependant
Helenin fut songeant & regardant
Au mandement que Iupiter luy donne.
 De cent discours en soymesme raisonne
(Or' plein de ioye ores plein de douleur)
Mais ce conseil luy sembla le meilleur :
 C'est d'obeir au grand pere celeste,
Donner Francus au destin : & au reste

Faire aprester & nauires & gens
Sur terre & mer actifs & diligens,
Non engourdis de paresse otieuse,
Qui rechaufez d'vne ame industrieuse,
Sages pourront les perils euiter,
Et par trauail louanges meriter.
    Comme il pensoit, auisa d'auanture
En l'air serain le bon heur d'vn augure
Venant du ciel pour signe tresheureux.
    Fut vn Faucon hautain & genereux
Que deux Vautours poursuiuoient à outrance
De bec plus forts d'ongles, & de puissance,
Qui çà qui là le Faucon rebatoient
Tournoient viroient poursuiuoient tourmentoient.
Ne luy donnant ny repos ny haleine
De s'eschaper par la celeste plaine.
    Luy pour-neant resistant d'vn grand cueur
Trop foible estoit contre telle rigueur,
Quand Iupiter, miracle, le transforme
En vne grande & belliqueuse forme
D'vn Aigle noir d'audace reuestu.
Comme vn rasoir luy fit le bec pointu
Aigu, courbé, & ses serres tortues
Plus que deuant fit dures & pointues.
    Lors luy couurant d'vn grand ombre les champs
En ses deux pieds aiguisez & trenchans
Prist les Autours, les desplume & les tuë,
Et fait veinqueur s'enuola dans la nuë.

C ij

D'vn œil prudent Helenin aperceut
L'augure bon que soudain il conceut,
Il preuit bien que deux grands aduersaires
Retarderoient Francus & ses affaires,
Et s'opposant à son premier honeur
A forte main empescheroient son heur.
Mais qu'il feroit combatant aparoistre
Que de petit deuiendroit vn grand maistre,
Et chasseroit ses ennemis deuant
Son camp armé, come vne poudre au vent.
  Pource soudain resolu, delibere
Prenant l'aduis d'Andromache la mere,
Et des bons Dieux, & des Peres grisons
Luy aprester des venteuses maisons,
Pour nauiguer à rames mesurées
Dessus le dos des ondes azurées
Et s'en aller au gré de Iupiter,
,, Contre le Ciel on ne peut resister.
  Incontinent par toute Chaonie
Se respandit vne tourbe infinie
De bucherons, pour renuerser à bas
Meint chesne vieil ombragé de ses bras.
  Par les forests erre cette grand' bande,
Qui or' vn Pin or' vn Sapin demande,
Guignant de l'œil les arbres les plus beaux,
Et plus duisans à tourner en vaisseaux.
  Contre le tronc sonne meinte congnée,
D'vn bras nerueux à l'œuure embesongnée,

LA FRANCIADE.

Qui meinte playe & meinte redoublant
Coup dessus coup contre l'arbre tramblant,
A chef branlé d'vne longue trauerse
Le fait tomber tout plat à la renuerse,
Auecq grand bruit : Le bois estant bronché
Fut dextrement par le fer detranché,
Fer bien denté bien aigu, qui par force
A grands esclats fit enleuer l'escorce
Du corps du pin sur la terre estandu
En longs carreaux & limandes fendu.
 Pleine de bois la charrette atelée
Va haut & bas par mont & par valée,
Qui gemissant enroüé soubs l'effort
Du pesant faix, le versoit sur le bord.
 Le manouurier ayant matiere preste
Or' son compas, ore sa ligne apreste
Songneux de l'œuure, & congnant à grans coups
Dedans les aiz vne suite de clous,
D'vn art maistrier les vieux sapins transforme,
Et de vaisseaux leur fait prendre la forme
Au ventre creux, & d'artifice pront
D'vn grand esprön leur aguise le front.
 Les prochains monts qui les bords enuironnent.
Soubs les marteaux des charpentiers resonnent,
D'vn bruit doublé, qui de loing & de pres
Fait retentir les parlantes forests
De Chaonie, où la syme qui tremble
Apele l'autre & caquettent ensemble.

        C iij

Ces artizans ayant le fer au poing,
L'œil sur le bois, & en l'esprit le soing
Tous à l'enuy fourmilloient sur l'arene.
Icy l'vn faict le fond d'vne carene
L'autre la prou', l'autre la poupe, & ioinct
D'vn art subtil l'aiz à l'aiz bien à point.

 L'autre tirant le chanure à toute force
Pli dessus pli entorse sus entorse,
Menant la main ores haut ores bas
Fait le cordage, & l'autre pend au Mas
A double ranc des æsles bien-venteuses
Pour mieux voller sur les vagues douteuses,
Et pour passer sur l'echine de l'eau
Plustost que l'air n'est passé d'vn oyseau.

 Incontinent qu'acomply fut l'ouurage,
Deuant la prouë on beche le riuage
Come vn fossé large & creux : pour pousser
Les nefs qu'on veut en la mer auancer.

 Là meins rouleaus à la course glissante
Ioincts l'vn à l'autre au meillieu de la sente
Sont estendus, afin qu'en se suiuant
Les grands vaisseaux glissassent en auant
De sur leur dos, qui craquetant se vire
En rond, frayé du faix de la nauire.

 Les Matelots à la peine indontez
Deçà de là rangez des deux costez
Entrepignant des pieds contre la place,
De mains de bras d'espaules & de face

Pouſſoient les nefs pour les faire rouler.
　Vne ſueur ne ceſſe de couler
Du front fumeux : vne pantoiſe haleine
Bat leurs poumons, tant ils auoient de peine
A toute force en hurtant d'eſbranler
Si gros fardeaux pareſſeux à couler.
　Finalement les nauires poiſſées
Dedans la mer tomberent eſlancées
A demy-ſault, ſault qui fut retenu
De l'ancre pris ſur le riuage nu.
　Il eſtoit nuit, & le lien du Somme
Silloit par tout les paupieres de l'homme,
Charmant au lit (ſi doucement lié
Par le dormir) le trauail oublié.
　Tous animaux, ceux qui par l'air ſe iouënt,
Ceux qui la mer entre-coupent & nouënt,
Ceux que les monts & les bois enfermoient
Pris du ſommeil à chef baiſſé dormoient :
L'vn ſus vn arbre, & l'autre deſoubs l'onde,
L'vn ſoubs l'horreur d'vne foreſt profonde,
L'autre és rochers vn dur giſte preſſoit
Et de ſon nez le ſomme repouſſoit :
　Mais Helenin qui diſcourant ne ceſſe
De repenſer, pour le ſomme n'abaiſſe
L'œil au dormir, ains veillant & reſuant,
Or' ſe couchant & ores ſe leuant
Mille diſcours diſcourt en ſa penſée.
　Du Dieu courrier la parole annoncée

Le presse tant & presse, qu'en tous lieux
Il a touiours Mercure dans les yeux,
Et dans l'esprit la belle destinée
Qui pour Francus au ciel est ordonnée.
    Comme il pensoit cent pensemens diuers,
Voicy saillir du profond des enfers
L'ombre d'Hector en la mesme maniere
Qu'il estoit lors que sa dextre guerriere
Se confiant en l'ayde de ses dieux.
Braguard, hautain, superbe, furieux
Haut animant la Troyenne ieunesse
Darda le feu dans les vaisseaux de Grece,
Aiant brisé en mille & mille pars
D'vn grand caillou la porte des rampars.
Tel ombre estant au grand Hector pareille
Pousse Helenin, & ainsi le conseille.
    Frere trescher qu'en viuant i'aimois mieux,
Que mon enfant, que mon cueur, que mes yeux:
Dont la prudence a regi mon armée,
Or' qu'au tombeau ma vie est enfermée,
Et que i'ay peu mon mortel despouiller
Esprit certain, ie te veux conseiller.
    Obeis, frere, au grand Dieu qui commande
En ma faueur vne chose si grande:
Les champs gaulois aux troyens sont promis,
Ainsi pour nous le destin l'a permis:
Au Ciel ira de mon enfant la race.
    Pource aussi tost que la nouuelle face

Du

LA FRANCIADE.

Du iour poindra courriere du Soleil,
Fays assembler les peuples au conseil:
   D'vn œil accort par le peuple regardé,
Les hommes nez d'vn age plus gaillarde,
Et par sur tous choisis en tes vaisseaux
La fleur esleuë entre les iouuenceaux,
Pronts à la guerre, & qui pour nul orage
Chauts de l'honneur ne perdront le courage.
   Toy bien-heureux demoures icy Roy
Ayant ma femme Andromache chez toy,
Pour ton espouse à toy ferme liée,
Du fils d'Achille à tort repudiée:
Viue ta Troye, & ton mur ia parfaict
Sur le patron d'Ilion contrefaict,
A Dieu mon sang: D'vne longue volée
Ie m'en retourne en l'obscure valée.
   A peine eut dit: soudain le frere alla
Pour l'accoller, mais l'ombre s'enuola
Loing de ses bras, comme vn songe friuolle
Qui au reueil loing des hommes s'enuole
Dedans la nuë, & le voulant alors
Prendre, il ne prist que du vent pour le corps.
   Incontinent que l'Aube en-saffrannée
Eut du beau iour la clarté ramenée
Pront hors du lit ce bon Prince sortit.
   Premierement sa chemise vestit
Puis son sayon, puis sa cape tracée
En fil d'argent sur l'espaule troussee,

D

Prist son espé qui fidelle pendoit
A son cheuet : un couteau descendoit
Du long la gaine iuoirine, & le manche
Estoit orné de belle agathe blanche.
Le pommeau fut d'un argent cizelé.
 Ainsi vestu hors la porte est allé
Le dard au poing, commandant qu'on assemble
Grands & petits au conseil tous ensemble.
 Lors les Heraux clere-voix ont sonné
De toutes pars le conseil ordonné :
 Le peuple oisif pour nouuelles aprendre
Droit en la place à foule se va rendre :
Luy dans son trosne, honoré se rendit,
Chacun se teut, puis en ce point a dit.
 Peuple Troyen, Dardanienne race,
Ce iouuenceau qui par la populace
Vit sans honneur Astyanax nommé,
Est fils d'Hector que tant auez aymé,
Qui magnagnime en si longues batailles
Dix ans entiers à gardé voz murailles,
Qui le rampart contre terre rua
Des Grecs tranblants, qui Patrocle tua,
Et retourna pompeux dedans la ville
Enuironné du corselet d'Achille.
 Or' ce grand Roy qui seul commande aux Dieux
Qui honora Hector, & noz ayeux,
La nuit que Troye estoit un grand carnage,
Sauua l'enfant par une feinte image :

Sans maiesté, priué ie l'ay tenu
De peur qu'il fust des Gregeois reconnu.
Ie l'ay transmis par vne longue voye
Tantost vers Thebe & tantost deuers Troye
Voir le tombeau de son Pere, & aussi
Les noirs enfans de Memnon, qui d'icy
Sont eslongnez, noble race Hectorée
Et de l'Aurore habite la contrée.
 En meint païs ie l'ay faict voyager,
Il a connu meint peuple & meint danger,
Connu les mœurs des hommes pour se faire
Guerrier pratique en toute grande affaire.
 Depuis vn an ce Prince est de retour
Acazané, qui mange en vain le iour
Lent nonchalant, sans imiter la trace
De sa tresnoble & vertueuse race,
Bien qu'il soit braue heureusement bien né,
Et pour hauts faits hautement destiné:
Touiours pour luy ce grand Prince me tanse,
Prince de l'air qui les foudres eslance,
Dequoy si tard ie le retiens icy
Sans de son bien auoir autre soucy.
Encore hier (sa puissance i'atteste)
Que par le ciel en clarté manifeste,
Ie vy Mercure arriuer contre moy
Qui m'effroya du vouloir de ce Roy.
 Si tu n'as soing, dit-il, de ta lignée,
Si la vertu de l'heur accompagnée

D ij

N'esmeut ton cueur à voyager plus loing,
Au moins conçois en l'esprit quelque soing
De ton nepueu, & n'estoufes perduë
Sa ieune gloire à qui la Gaule deuë,
De qui doit naistre vn million de Rois
Qui l'vniuers tiendront desoubs leurs loix.

  Ce foudroyant seigneur de la tempeste
Qui branle tout d'vn seul clin de la teste,
M'a fait du ciel icy bas deualler,
Pour t'auertir de le laisser aller
Où son destin l'apelle & le conuoye
Bastir ailleurs vne nouuelle Troye
Dont le renom ira iusques aux Cieux:
Tel est le vueil du grand maistre des Dieux.

  Pource Troyens de race magnanime,
Si la vertu hautaine vous anime,
Suiuez ce Duc du destin attiré.

  Voicy le iour tant de fois desiré,
Iour qui rompra le seruage si rude
Qui vostre col serre de seruitude:
Courage amis, c'est maintenant qu'il faut
(Vous dont le sang est genereux & chaut)
Accompagner cette belle entreprinse
Que le destin dextrement fauorise.

  Il vaut trop mieux en liberté mourir,
Et par le sang la franchise acquerir,
Que de languir en honte si vilaine:
,, Vn beau mourir orne la vie humaine.

Il dist ainsi : puis se leuant de là
Pressé du peuple en son Palais alla,
   Mars qui aymoit Hector durant sa vie,
De secourir Françion eut enuie,
En sa faueur fit son Coche ateler.
Puis fouëtant ses cheuaux parmy l'air
Qui à bouillons souffloient de leurs narines
Flames de feu ardantes & diuines,
Vint s'abaisser soubs le pié d'vn rocher
Pres du riuage, où faisant destacher
Ses beaux coursiers le long d'vne verdure,
Trefle & sainct-foing leur donna pour pasture.
Puis comme vn trait roidement s'eslança
Dedans Buthrote, où sa forme laissa,
Et prist les yeux le front & le visage
La voix le geste & la taille d'Arage
Ia chargé d'ans, vieil compagnon d'Hector.
   Celuy portoit la grande targe d'or
De cet Héros, quand pour garder sa terre
Sa main estoit plus crainte qu'vn tonnerre.
Or cet Arage auoit touiours esté
Par les Troyens en grande auctorité.
   En ce vieillard le Dieu guerrier se change,
Autour du front des cheueux blancs arange,
Se laboura de rides tout le front,
Marche au baston comme les vieillards font,
Et d'vne voix toute caduque & rance
Francus aborde, & en ce point le tance.

D iij

Vraye Troyenne, & non Troyen, as-tu
Defia d'Hector oublié la vertu?
Qui t'engendra pour eſtre l'exemplaire
Comme il eſtoit, du labeur militaire?
Futur honneur des peuples & des Rois?
As-tu couard oublié ton harnois
Pour (aleché d'ocieuſes plaiſances)
Vſer ta vie en feſtins & en danſes?
Faire l'amour, & tout le iour en vain
Pleines tourner les coupes en la main?
 Honte & vergongne où eſtes vous alées!
Ne vois tu pas que les ondes ſalées
Pour t'en-mener ſe couurent de vaiſſeaux
Dreſſe l'oreille, entens les iouuenceaux
Qui foule à foule au riuage ſe rendent
Et tous armez, capitaine t'atendent.
 Toy ſang trop froid pour vn ieune guerrier
Acazané, demeures le dernier
Serf de ta mere, & te fraudes toymeſmes
Du haut eſpoir de tant de Diadêmes,
Et du deſtin qui t'apele aux honneurs
Pour commander aux plus braues Seigneurs.
,, Rien n'eſt ſi laid que la froide ieuneſſe
,, D'vn fils de Roy qui ſe rouille en pareſſe.
 Tel n'eſtoit pas Hector le pere tien,
Qui des Troyens fut iadis le ſoutien:
Armes, cheuaux, & toute guerre actiue
Furent ſes ieux, & non la vie oyſiue.

LA FRANCIADE.

Qui te charmant,d'vn somme t'a lié
Ayant ta ville & ton pere oublié,
Que la vertu compagne de la gloire
A mis au ciel,en terre la memoire.
 Montre à ce peuple au cueur morne & peureux
Que tu es fils d'vn pere genereux,
L'homme ne peut seignaller sa noblesse
S'il n'a le sang eschaufé de proësse.
 Disant ainsi ce grand Dieu belliqueur
De Françion enflama tout le cueur,
Luy dechira le bandeau d'ignorance
Et le remplit d'audace & de puissance.
 Il luy souffla vn honneur dans les yeux,
Le fit ardant,aux armes furieux,
Et tellement sa proësse ralume
Qu'il aparut plus grand que de coustume.
 Si que marchant au milieu des plus forts
Haut releué,de la teste & du corps
Les surpassoit,comme ce Dieu surpasse
Sur le bord d'Hebre,ou sur les monts de Thrace
Tous les Soldas, quand d'ardeur animé
Parmy la presse aparoist tout armé
Couuert de poudre,& se plante à l'encontre,
D'vn meschant Roy, que sa lance rencontre
Pour le punir d'auoir contre equité
Vendu son peuple, ou trahy sa Cité.
 Tel fut Francus: apres ce Dieu se mesle
Par les Troyens amassez pesle mesle

Qui se pressoient à foulle aux carrefours,
Luy renfrongné: de mots piquans & cours,
En les piquant eschaufoit leur courage:
　Quoy voulez vous en vergongneux seruage
Viure tousiours, & sans langue & sans cueurs
Touiours souffrir l'orgueil de ces veinqueurs?
Rompez froissez d'une allegresse preste
Le ioug cruel qui vous presse la teste,
Sans plus seruir de passetemps icy
A ces Seigneurs qui vous brauent ainsi,
　Resentez vous par vne belle audace
Du premier sang de vostre noble race:
Enflez vous d'ire, & vous souuienne encor'
Des mains du cueur du courage d'Hector,
Qui fut iadis la crainte des plus braues
De ces Gregeois qui vous tiennent esclaues:
Vn seul de vous en vaille vn million,
Et par la mer emportez Ilion.
　Encore Dieu qui regarde voz peines,
Dieu qui a soing des affaires humaines,
Comme les Grecs ne vous est outrageux:
,, La Fortune ayde aux hommes courageux!
　Tels aiguillons leur versa dedans l'ame,
Vne fureur vne ardeur vne flame
De liberté, de vaincre & de s'armer,
Et d'emporter Ilion par la mer.
　A tant vn peuple en armes effroyables
(Comme toisons de neges inombrables

Qu'on voit du ciel espaisses trebucher
Quand l'air venteux noz terres veult cacher)
Va fremissant au bord de la Marine.
 Desoubs le pas du peuple qui chemine
Vole vne poudre, & soubs le pié qui suit
Pour s'embarquer la terre faict vn bruit:
Fils ne maisons ces hommes ne retardent:
Tristes de loing les femmes les regardent!
 Ils s'assembloient d'vn pied ferme rangez
De dards d'escus & de piques chargez,
Sonnant bruyant pres des riues chenues,
Ainsi qu'on voit les-biens volantes gruës
Faire vn grand cri, quand passer il leur faut
La mer pour viure en vn païs plus chaut.
 Autant qu'on voit dans les creux marescages
Du bas Poitou, oyseaux de tous plumages,
Maretz bourbeux, limonneux, & tramblants,
Oyseaux gris, vers, iaunes, rouges, & blancs,
Qui s'esgayant en leur æstes se iouënt:
Les vns sur l'eau, les autres au fond nouënt,
Autres font bruit à l'entour de leur Ny
D'vn nombre espaix incroiable infiny,
Les vns le ciel ombragent comme nuës
Autres plus bas sur les riues connuës
Soubs les rouseaux, ou souz l'ombre des ioncs,
Oyes, canars, & cygnes au cols longs
Estandent l'æsle, & s'esplument, & crient,
Qui haut qui bas : Les riuages en bruient!

E

Autant venoient d'un magnanime effort
Coupans les champs, d'hommes deſſus le bord.
La riue tramble, & les flancs qui emmurent
Les flots ſalez, deſous le piéd murmurent
De tant de gens au riuage arreſtez,
Tous heriſſez de morions creſtez.

 Comme vn Paſteur du bout de ſa houlette,
Souz la clarté de veſper la brunette
Au premier ſoir, ſepare ſes cheureaux
Des boucz cornuz, des beliers les aignaux.

 Ainſi Francus d'vne pronte alegreſſe
Des moins gaillards ſeparoit la ieuneſſe
Au ſang hardy, ſerrant d'vne autre part
Vieilles vieillards, & enfans à l'eſcart,
Qui froids n'auoient ny teſte ny poitrine
Pour ſuporter la guerre & la marine,
Peuple ſans nerfs & ſans ardeur, que Mars
N'enroſle plus au rend de ſes ſoldars

 Francus veſtu d'armes toutes dorées
Des mains d'vn maiſtre artizan labourees,
Comme l'eſclair d'vn tonnerre luiſoit
Et ſi grand Peuple en ordre conduiſoit,
Monſtrant guerrier ſa taille bien formée
Ainſi que Mars au meilleu d'vne armée.

 Les morions les piques des ſoldars,
Et les harnois fourbis de toutes pars,
Et l'emery des lames acerées
Frapez menu des flames ætherées,
Et du rebat du ſoleil radieux,

Vne lumiere enuoyoient iufqu'aux Cieux,
Qui cà qui là comme à poinctes menuës
En tramblotant s'efclatoit dans les nuës.

 Meint eſtandart ply ſur ply ſe mouuant,
De tous coſtez ſe boufoit par le vent,
Qui d'vn grand ombre ombragoit la campagne
Et la trompette au haut de la montagne
Enflant l'airain par enrouez accords
Faiſoit bondir les cueurs dedans les corps.

 Adonq Francus qui ſeul prince commande,
Pront & gaillard au millieu de la bande,
Voulant ſa main d'vne lance charger,
D'Aſtyanax en Francus fit changer
Son premier nom, en ſigne de vaillance
Et des ſoldats fut nommé Porte-lance,
Pheré-enchos, nom, des peuples vaincus
Mal prononcé, & dit depuis Françus.

 Comme il eſtoit ſur le front de la riue
Tout eclatant d'vne lumiere viue,
Comme Orion de flammes eſclarcy,
Voicy venir Andromache, & auſſy
L'oncle Helenin, qui augure & profette
Eſtoit des Dieux veritable interprete.

 Cette Andromache à qui l'eſtomac fend
D'aize & d'ennuy, accoloit ſon enfant
A plis ſerrez, comme fait le l'hierre
Qui bras ſur bras les murailles enſerre

 Mon fils, diſoit, que tout ſeul i'ay conceu
Autres que toy conceuoir ie n'ay ſceu

E ij

Du grand Hector, Ilithie odieuse
De meint enfant m'a esté enuieuse.
    Pource le soing que mere ie deuois
Mettre en plusieurs, seul en toy ie l'auois
Ie te pendoy petit à ma memelle,
Ie t'ourdissoy quelque robbe nouuelle,
Seul tu estois mon plaisir & ma peur,
Enfant, mary, seul mon frere, & ma sœur,
Seul pere & mere, & voyant la semence
De tous les mieux germer en ton enfance
Me consolois de t'auoir enfanté
Me restant seul de toute parenté :
Du grand Achil les armes & l'audace
Desoubs la terre ont enuoyé ma race.
    Pour toy le iour seulement me plaisoit :
Si quelque ennuy lamenter me faisoit
Te regardant i'alegeois ma tristesse
Comme soutien de ma foible vieillesse :
Las ! ie pensoy qu'au iour de mon trespas
Quand l'esprit vole, & le corps va là bas,
Que tu ferois mes obseques funebres
Clouant mes yeux enfermez de tenebres,
Me lauerois le corps froid de tiede eau,
Et de gazons me ferois vn tombeau
Comme bannie au bord de ce riuage
Car aux bannis ils n'en faut dauantage.
Serrant ensemble en vn mesme repos
De mon mary les cendres & les os,

LA FRANCIADE.

Haut inuoquant noz noms, & ce qui reſte
De nous apres l'heure extreſme & funeſte.
  Las! ie voy bien, mon fils, que tu t'en-vois
Bien loing de moy, & que ma triſte voix
Comme ta voile au vent ſera portée
Demeurant ſeule icy deſconfortée,
Mais pour mon corps qui n'atend que ſa fin
Ne laiſſe fils à ſuiure ton deſtin.
  O Iupiter ſi la pitié demeure
La haut au ciel, ne permets que ie meure
Ains qu'il ſe face en armes vn grand Roy
Et que le bruit en vole iuſqu'à moy!
  Donne grand Dieu, qu'au milieu de la guerre
Puiſſe ruer ſes ennemis par terre
Mordants la poudre à chef bas renuerſez
D'vne grand playe en l'eſtomac perſez.
  Que des citez la puiſſante muraille
Trebuſche à bas en quelque part qu'il aille
Soit à cheual ſoit à pié guerroyant,
Et que quelcun s'eſcrie en le voyant
(Fauoriſé de fortune proſpere)
Le fils vaut mieux aux armes que le pere.
  Diſant ainſi, pour preſent luy donna
Vn riche habit que ſa main façonna,
Où fut portraite au vif la grande Troye
En filetz d'or ioincts aux filets de ſoye,
Auec ſes murs: ſes rampars & ſes Forts,
Xanthe trainoit à l'enuiron des bords.

E iij

Pour passement sa riuiere azuree:
Là s'esleuoit la montagne sacrée
Ide neigeuse, où d'argent sautelloit
Meint vif ruisseau qui en la mer couloit.

 Au pié du mont fut en riche peinture
Le beau Troyen, qui chassoit d'auanture
Vn Cerf au bois, où Iupiter le vit
Qui par son aigle en proye le rauit.

 Ce Ieune enfant emporté par les nuës
Tendoit en vain vers Troye les mains nuës:
En l'air rauy ses chiens qui le voyoient
L'ombre de l'Aigle & les vents aboyoient.

 Hector auoit cette robe portée
Le iour qu'Helene en triomphe abordée
Entra dans Troye, & depuis ne l'auoit
Mise: sans plus de parade seruoit
Au cabinet, où les plus cheres choses
De ce grand Prince estoient toutes encloses.

 La luy donnant, prenez dit-el, mon filz
Ce beau present que de mes mains ie fiz,
Pour gage seur d'amitié maternelle,
Ayant de moy souuenance eternelle.

 Ainsi pleurant, Francus elle acola,
Puis espasmée au logis s'en alla,
Où de son corps l'ame estant destachée
Dessus vn lit ses seruans l'ont couchée,
Pour la donner au sommeil adoucy
Qui des mortels arrache le soucy.

LA FRANCIADE.

En cependant Helenin prend la corne
D'vn grand toreau au col pesant & morne
Au large front, & de fleurs couroné
L'a d'vne main au riuage amené
Puis vn grand coup de maillet luy desserre
Dessus le front: Le toreau tombe à terre
Sur les genoux à chef bas estandu:
Il l'egorgea: le sang s'est respandu
A longs filetz au fond d'vne grand' tasse:
Dedans le sang qu'a bouillons il amasse
Mesla du vin, par trois fois l'escoula
Dessus la mer, puis Neptune apela.

 Pere Neptun', saturnien lignage,
A qui la mer est venuë en partage,
Pere vieillard, escumeux, & chenu,
Grand nourrissier de ce monde tenu
Entre tes bras, de qui la viue course
Coule touiours d'vne eternelle source,
Que le Soleil n'a peu iamais tarir
Pour te laisser toutes choses nourrir.

 Enten ma voix: donne que la nauire
De ce Troyen sillonne ton empire
Sans nul danger, & cesse le courroux
Que dés long temps tu gardes contre nous.

 Des meilleurs Dieux la benine nature
Tend à sauuer l'humaine creature:
Aux pleurs humains ne donner point de lieu
Sans pardonner, ce n'est pas estre Dieu,

Neptune ouit la troyenne priere
Pouſſant le chef ſur l'onde mariniere,
Et ſe plaignant encore d'Ilion,
Vne partie ottroye, & l'autre non.
　　Il ottroya que la flotte troyenne
Pourroit aller deſſus l'onde ægeénne,
Mais ne voulut l'autre part ottroyer
D'y ſeiourner long temps ſans la noyer.
　　Lors Helenin adreſſe ſa parolle
A ſon nepueu, & ainſi le conſolle.
　　Courage Prince, il te faut endurer:
Tu dois long temps meint ſillon meſurer
De la grand mer, auant que tu paruiennes
Sur la Dunoüe, & tes barques troyennes.
Tous n'irez pas ſans perir: mais afin
De t'enſeigner eſcoute ton chemin,
Non tout du long: Il te le faut aprendre
D'vn Dieu qui peult perfectement l'entendre.
　　Sortant du port, gangne moy la grand Mer,
Fay ta galere à tour de bras ramer
(Ta main ne ſoit du labeur affoiblie)
Entre Coryce & l'Iſle Aegialie.
　　Quand tu ſeras au flot Laconien
Pren à main dextre, & ſage auiſe bien
De ne hurter au rocher de Malée.
Où l'onde en l'onde eſt aſprement meſlée.
Là meint ſerpent, & meint grand chien marin
Mange les Nefs, & d'vn goſier malin

Hume

LA FRANCIADE.

Hume la mer & glouton la reiette
Plus roide au ciel qu'vne visle sagette:
Par tourbillons la vague qui se suit
Contre les bords abaye d'vn grand bruit.

De là poussant tes nauires armées
Outre la mer des Cyclades semées,
Reuoirras Troye & les funebres lieux
Pleins des tombeaux de tes nobles ayeux.

De là singlant à rames vagabondes
Par le destroit des homicides ondes,
Voirras le Pas où se noya la Sœur
Penduë aux crins de son Belier mal seur.

Tu feras voile au Thracian Bosphore
Où l'Inachide estant vestue encore
D'vn poil de beuf, à coups d'ongles passa
En lieu de rame, & son nom luy laissa.

Puis aprochant du grand Danube large
Qui par sept huiz en la mer se descharge
Aborderas à l'isle qui des pins
Porte le nom: Là sçauras tes destins
L'vn apres l'autre, hoste de la riuiere
De qui la corne est si braue & si fiere.

Ce fleuue ayant sur la teste vn rouzeau,
Et dans la main vn vaze tout plain d'eau
Et du menton versant vne fontaine,
Te dira tout d'vne bouche certaine.

A tant se teut: Iunon qui descendit
En le tençant la voix luy defendit.

F

Tandis la troupe au trauail non oisiue
Le toreau mort renuersa sur la riue:
Ilz ont le cuir en tirant escorché,
Puis estripé, puis menu dehaché
A morceaux crus: ilz ont d'vne partie
Sur les charbons faict de la chair rotie,
Embroché l'autre, & cuite peu à peu
(Blanche de sel) à la chaleur du feu,
L'ont retirée, en des paniers l'ont mise,
Puis sur la table en des plats l'ont assise,
Ont pris leur siege, ont destranché le pain,
Ont fait tourner le vin de main en main,
Boiuant de rang à tasses couronnées
D'vn cœur ioyeux l'vn à l'autre données.

 Apres qu'ilz ont du boire & du manger
Osté la faim, ilz s'allerent loger
Au premier front de la riue mouillée
Sur des lits faits d'herbes & de fueillée,
Où toute nuit iouirent du repos
Ronflant le somne au murmure des flots.

 Au descoucher de l'Aurore nouuelle
Le vieil Vandois du sifflet les apelle
(Qui seul estoit le Pilote ordonné)
Voyant le vent heureusement tourné,
L'Auton couuert de nuageux plumages
Qui va souflant deuant luy les orages.

 Francus premier le sifflet entendit
Qui tout armé sa main dextre estandit

Deſſus la terre, & ſes yeux vers la nuë,
Eſtant debout deſſus la riue nuë
Prioit ainſi: ô grand Patarean,
A l'arc d'argent, Tire-loing, Thymbrean.
Garde Apollon entiere cette troupe,
Dieu d'ambarcage, & permets que ie coupe
Soubs heureux ſort la Commande qui tient
Ma nef au bord: A peine eut dit qu'il vient
Hors du foureau tirer ſa large eſpée:
Du coup la corde en deux pars fut coupée
Qui la nauire au riuage areſtoit
Ferme atachée a vn tronq qui eſtoit
D'vn viel ormeau foudroyé du tonnerre
De quatre pieds eſleué ſur la terre:
Puis vers le vent adreſſa ſon parler.

 Vent, le balay des ondes & de l'Air,
Qui de la nuë en cent ſortes te ioüës,
Qui ce grand tout euantes & ſecoüës,
Qui peux cent bras & cent bouches armer,
Vien-t'en heureux ton halaine enfermer
Dedans ma voile, afin que ſoubs ta guide
I'aille tenter ce grand royaume humide,
Et ſi iamais le deſtin ou le ſort
Conduit ma flotte heureuſement à bord,
De marbre blanc ie te voüe vne Image
Au naturel de ton moiteux viſage,
Et de ton chef d'orages obſcurcy.
 Grand Iupiter qui du monde as ſoucy

F ij

Entends ma voix : Donne pere celeste
En ma faueur vn signe manifeste
Tu le peux faire : on dit que quelquefois
Tu fis voler deux pigeons par ces bois :
L'vn fut donné à Iazon pour escorte.
 Donne moy l'autre, afin qu'heureux ie porte
De mon salut le signe trescertain,
Estant couuert du secours de ta main :
 Comme il prioit, des Dieux le pere & maistre
Fit par trois fois tonner à main senestre.
 Et cependant les rudes matelots
Peuple farouche ennemy du repos,
D'vn cry naual hors du riuage proche
Demaroient l'Ancre à la machoire croche,
Guindoient le Mast à cordes bien tendu.
 Chaque soldat en son banc s'est randu
Tiré par sort : De bras & de poitrine
Ils s'efforçoient : la nauire chemine !
 Les cris les pleurs dedans le ciel voloient
Desoubs l'adieu de ceux qui s'en alloient.
 A tant Francus s'embarque en son nauire,
Les auirons à double rang on tire :
Le vent poupier qui fortement souflà
Dedans la voile à plein ventre l'enfla,
Faisant siffler antennes & cordage :
La nef bien loing s'escarte du riuage,
L'eau sous la poupe aboyant faict vn bruit,
Vn train d'escume en tournoyant la suit

LA FRANCIADE.

D'vn blanc chemin fendant la vague perſe,
Comme vn ſentier de neige qui trauerſe
L'herbe d'vn pré: vn long trac blanchiſſant
Eſt au paſteur de loing aparoiſſant.
 Qui a poinct veu la brigade en la danſe
Fraper des pieds la terre à la cadance
D'vn ordre egal, d'vn pas iuſte & conté,
Sans point faillir d'vn ny d'autre coſté,
Quand la ieuneſſe aux danſes bien apriſe
D'vn puiſſant Dieu la feſte ſolenniſe.
Il a peu veoir les auirons egaux
Fraper d'accord la campagne des eaux.
Cette Nauire egalement tirée,
S'alloit trainant deſſus l'onde azurée
A dos rompu, ainſi que par les bois
Sur le printemps au retour des beaux mois
Va la Chenille errante à toute force
Auecq cent pieds ſur les plis d'vne eſcorce.
 Ainſi qu'on voit vers le ſoir meint cheureau
De pas gaillards ſuiure le paſtoureau
Qui va deuant entonnant la muſette:
Les autres Nefs d'vne aſſez longue traitte
Suiuoient la Nef de Francus qui deuant
Alloit bien loing ſoubs la faueur du vent
A large voile à my-cercle entonnée,
Portant de fleurs la poupe couronnée.
 L'eau faict vn bruit ſoubs le fort auiron:
L'onde tortue ondoye à l'enuiron

F iij

LE I. LIVRE DE
De la Carene, & autour de la prouë
Meint tourbillon en escumant se rouë.
La terre fuit, seulement à leurs yeux
Paroist la mer & la voute des Cieux.

FIN DV PREMIER LIVRE
DE LA FRANCIADE.

LE
SECOND LIVRE DE
LA FRANCIADE,

ES puissants Dieux la plus
gaillarde troupe
Estoit plantée au sommet de
la croupe
Du mõt Olympe, où Vulcan
à l'ecart
Fit de chacun le beau palais
à part.
Qui contẽploient la troyen-
ne ieunesse,
Fendre la mer d'vne prompte alegresse:
   Flot dessus flot la Nauire voloit,
Vn trac d'escume à bouillons se rouloit
Soubs l'auiron qui les vagues entame:
L'eau fait vn bruit luitant contre la rame!

G

Le cueur sacré des Nymphes aux yeux pers
Menant le bal dessus les sillons verds
A chef dressé regardoient estonnées
Les pins sauter sur les vagues tournées :
 Vn seul Neptun' couuoit au fons du cueur
Contre Ilion vne amere rancueur
Gros de dépit, du iour que mercenaire
(Dieu fait maçon) demanda son salaire
A Laomedon prince de nulle foy :
Il demandoit iustement à ce Roy
L'argent promis d'auoir de sa truelle
Fait des Troiens la muraille nouuelle,
Quand se rouloient d'eulx mesmes les cailloux
Soubs son marteau : le Roy plein de courroux
Luy denia sa promesse, & pariure
En le frapant, le paia d'vne iniure.
 Pource Neptun' en rage se tournoit
D'ire bouffi quand il sen souuenoit :
Or voiant Troye en ses eaux élancée
Disoit ces mots furieux de pensée.
 Ha pauure Dieu! vaincu par les mortels
Dequoy me sert la pompe des autels
Frere à Iupin, race Saturnienne,
Si malgré moy la cendre Phrygienne,
Le demourant d'Achille, est triomphant
Et qui plus est conduit par vn enfant?
Qui me deffie, & sans craindre mon ire
De ses bateaux outrage mon empire?

De quoy me sert le Trident en la main,
Auoir l'Ægide, armure de mon sein,
Dieu redoutable, auoir pour heritage
La grande Mer du Tout second partage:
Si ie ne puis d'vn mortel me venger,
Mortel fuitif qui ose m'outrager
En mon palais, sans craindre ma puissance?
Il faut punir ceste ieune arrogance.

 Le ciel vengeur a banny sur mes eaux
Ces Phrygiens coupables des trauaux,
Que ie receus quand au port de Sigæe
Les Grecs pressoient leur muraille assiegée,
Et qu'Ilion par le cours de dix ans
Fournit de meurtre aux freres Atreans.

 Ie m'efforcay d'vne brigue contraire
De fond en comble à les vouloir defaire,
Mais le Destin ne le voulut souffrir,
Qui maintenant changé, les vient offrir
A ma puissance, & les offrant me tente
A n'epargner l'occasion presente.

 Disant ainsi, fit son char atteler
Que deux Dauphins sur la mer font rouler
A dos courbé, à queuës tortillées,
Fandant du sein les vagues émaillées,
Luy dessus l'onde en son siege porté
Comme vn grand Prince enflé de maiesté
Lacha la bride, & le Char qui s'élance
Portant son Roy sur les vagues s'auance,

Puis en cernant d'un grand & large tour
Toute la Flotte & les eaux d'alentour
De ce Troien atrapa la Nauire:
Le vent appelle, & ainsi luy va dire.

 Vent, la terreur des cieux & de la mer,
Ce n'est pas moy qui vous fiz enfermer
En voz rochers, où tourmentez de crainte
Dessoubs un Roy languissez par contrainte.
Vn seul Iupin le fit contre mon sceu,
A son pouuoir resister ie n'ay peu,
Car c'est un Dieu de puissance inuincible:
Ainsi que luy ie ne vous suis terrible
Vous caressant & prestant ma maison
Quand déchenez, sortez hors de prison,
Non à un seul, mais à tous quatre ensemble
La renuersant ainsi que bon vous semble.

 Pource Aquilon ne souffre plus parmy
Mon flot salé ce bagage ennemy,
Mais d'un grand vol retourne vers Æole
Dy luy qu'il tienne auiourd'huy sa parole,
Et le serment qu'en la dextre me fit
Quand par mon aide Hercule il déconfit.

 Que de son sceptre il face une ouuerture
Aux vents enclos en leur cauerne obscure:
Qu'il les détache, & portez d'un grand bruit
Chargez d'esclairs de tempeste & de nuit
Par tourbillons enflent la mer de rage,
Et ces Troyens acablent d'un orage.

LA FRANCIADE.

Dy luy qu'il rompe aux trauers des rochers
Pour me venger nauires & nochers:
Digne n'est pas telle gent pariurée
De voir long temps la lumiere ætherée,
Assez & trop malgré nous a vêcu
Ce sang maudit par tant de fois vaincu.

 A peine eut dict qu'il vit la messagiere
Iris voler d'vne plume legiere
Haulte sur leau, qui painte reuenoit
De voir Tethys, & au ciel retournoit,
Pleine d'humeurs: Ce Dieu s'approcha d'elle,
Luy tend la main la caresse & l'appelle.

 Honneur de l'air, va conter à Iunon
Que les Troiens ennemis de son nom,
Gaillards & plains de gloire ambitieuse
Frapent la mer d'vne rame ioyeuse:
Si le courroux boult encor' en son cueur,
Si l'ancienne opiniatre ardeur.
Son estomac encores époinçonne,
C'est maintenant que le Destin luy donne
De se venger le temps & le moyen
Perdant Francus & tout le nom troien:

 Dy que soudain mette la main à l'œuure,
Que sa puissance en l'air elle descœuure
Brassant contre eux vn amas pluuieux.
A tant se teut : Iris remonte aux cieux,
Tirant vn arc dessus les ondes perses
Tout bigarré de cent couleurs diuerses,

G iij

Plus soubs les pieds Iunon se planta,
Et de Neptun' le courroux luy conta:
 Incontinent vn grand nombre de nuës
Sont pesle-mesle à son trone venuës,
Comme troupeaux qui viennent à l'entour
De leur pasteur, quand la pointe du iour,
Et la rosée aux herbes les conuie,
 D'vne grand troupe vne troupe est suiuie,
Pié contre pié: & Iunon qui les prent
Leur forme vn corps moien petit & grand,
Comme il luy plait: les vnes sont cornuës,
Les autres sont ou grosses ou menuës.
 Ainsi qu'on voit le bon Haquebutier
(Qui sur l'hiuer prepare son métier)
Verser du plomb en son moule, pour faire
De la dragée: il la forme au contraire,
D'vn corps diuers, comme le plomb se fond
L'vne est quarrée, & l'autre à le corps rond,
L'autre la long: ainsi Iunon la grande
En cens façons forma l'humide bande
Filles de l'air: en l'vne elle soufloit
Neges & grésle, & de l'autre elle enfloit
Tout l'estomac d'orages & de pluye,
De foudres pers de scintile & de suye,
L'vne en bruiant sur l'autre se rouloit,
L'autre blafarde & noiratre couloit
Aiant d'azur la robe entre-semée,
Et l'autre estoit de feu toute allumée.

LA FRANCIADE.

Tandis les vents auoient gaigné la mer,
Flot deſſus flot la faiſoient écumer,
La ranuerſant du fond iuſques au feſte,
Vne importune outrageuſe tempeſte
Siflant bruiant grondant & s'éleuant
A grands monceaux, ſoubs la gorge du vent
Branle ſur branle, & onde deſſus onde,
Entre-ouuroit l'eau d'vne abiſme profonde,
Coup deſſus coup dans le ciel la pouſſoit,
Coup deſſus coup aux enfers l'abaiſſoit,
Et forcenant d'vne mutine rage
De gros bouillons couuroit tout le riuage:
 Vn ſiflement de cordes, & vn bruit
D'hommes s'éleue: Vne effroiable nuit
Cachant la mer d'vne poiſſeuſe robe
Et ciel & iour aux matelots dérobe:
 L'air ſe creua de foudres & d'éclairs
A longue pointe eſtincelants & clairs
Drus & menus, & les pluies tortuës
Par cent pertuis ſe creuerent des nuës:
Meint gros tonnerre enſoufré s'éclattoit:
De tous coſtez la mort ſe preſentoit.
A ces Troiens: Lors d'vne froide crainte
En tel danger Francus eut l'ame attainte,
De larges pleurs arroza ſes beaux yeux,
Et gemiſſant tendit les mains aux cieux.
 S'il te ſouuient de nos humains ſeruices
Grand Iupiter, n'obly les ſacrifices

Du pere mien, qui sus tous les mortels
De boucs sanglants a chargé tes autels:
Ha! tu deuois en la Troyenne guerre
Faire couler mon cerueau contre terre,
Sans me sauuer par vne feinte ainsi
Pour me trahir à ce cruel soucy:
I'eusse honoré les tombeaux de mes peres,
Ou ie n'aten que ces vagues ameres
Pour mon sepulcre, abuzé de l'espoir
Que tes destins me firent conceuoir.

 Comme il disoit: Les tempestes troubleés:
Ont contre luy leurs forces redoublées
Plus que deuant, & le foudre grondant,
Auec la pluie en tortis descendant,
Suiuy d'éclairs, d'opiniatre presse
Léchoit la mer d'vne lumiere épesse
A feu menu qui sur l'eau s'élançoit,
Et des Troiënes les yeux éblouissoit.

 Des vieux Patrons la parole épandue
Sans estre ouye en l'air estoit perdue
Tant la fureur de Boré qui donnoit
Par le cordage horrible s'entonnoit:

 L'vn du nauire étoupe les creuasses,
L'autre s'oppose aux humides menaces,
Et fait la mer en la mer retourner,
L'vn tient la voile, & ne la veult donner.
Si large au vent, & l'autre à toute peine
Cale du mast & clicquet & anteine:

L'vn

LA FRANCIADE. 57

L'vn court icy l'autre court d'autrepart,
Mais pour neant: le mal surmonte l'art:
Si éperdus qu'ils n'ont pour toutes armes
Que les sanglots les soupirs & les larmes.

 Tantost pendus ils voisinent lés cieux,
Tantost ils sont aux enfers stygieux,
Pirouetez au plaisir d'vne vague:
Ainsi qu'on voit en la campagne vague
Au mois de May les espis éuentez
Qui bas qui hault tournez & tourmentez:

 Aucunefois vne bourasse fiere
Heurte la proüe, & la repousse arriere,
L'autre la pouppe, & bruiante de vent
Se herissant, la reiette en auant,
Rompt la carene, ou de forte secousse
En la heurtant à costé la repousse
Auec grand bruit: le cœur tombe du sain
Du vieil Pilot' qui se lamente en vain.

 Entre les feux le tonnerre & la pluie,
La nuit la gresle, vne ardante furie
De vents emporte à l'abandon de leau
Six grands vaisseaux élongnez du troupeau.
Mais à la fin la bonasse fortune
(Tousiours ne vit l'orage de Neptune)
Loin les chassa au riuage inconnu
De la Prouence, où le Rosne cornu
Entre rochers roulant sa viste charge
Pres Aigue-morte en la mer se décharge.

         H

Là ces Troyens sur le sable arriuez
Furent long temps d'hotelage priuez
Sans éleuer quelque muraille neuue :
Puis alechez de la beauté du fleuue
Forçant son eau planterent à Tournon
De leurs ayeux les armes & le nom,
Qui courageux à Francion seruirent,
Et aux combats des Gaulles le suiuirent.

Sept autres nefs surprises par l'effort
D'Est, de Surest, de Nordoest, & du Nord,
Rouant tournant dessus la vague perse
Du haut en bas sentent à la renuerse
Tomber le mast : l'Antenne qui le suit
Broncha dessus : Les cordes font vn bruit
Comme vn Pin fait entier en ses racines,
Quand vn torrent des montaignes voisines
Le fait verser, fracassant & courbant
Tous les buissons qu'il rencontre en tombant.

Deux tourbillons en ont deux aualees
A gorge ouuerte en leurs ondes salées,
Acte piteux : Pallas branlant es mains
Ses feux de creinte & d'homicide plains!
Iette vn esclair dedans l'autre nauire :
Le feu mangeard qui se tourne & se vire
Luisant ardant passant de part en part,
De Banc en Banc, de Rampart en Rampart,
Prit le Pilot', le massacre & le tue,
Et my-brulé sur les vagues le rue.

LA FRANCIADE.

Des autres trois orfelins de leurs masts
Les deux vaincus entre-ouuers par embas
De cent pertuis sentent creuer leur ventre,
Le flot meurtrier vague sur vague y entre
A meint bouillon qui les Costes creua,
Et les humant soubs l'eau les aggraua.

 L'autre au malheur opposant l'artifice,
De la tempeste éuitoit la malice
De toutes parts en doubte resistant :
Ainsi qu'on voit vn hardy combatant
Dessus le mur de la ville assiegée
Se planter ferme en sa place rangée
Pour l'ennemy du rampart décrucher :
Luy mesme en fin est contraint de broncher,
De ses genoux les forces luy defaillent,
Car entre mille & mille qui l'assaillent,
Vn par sur tous le plus brusque & gaillard
Tout armé saute au dessus du rampart
L'enseigne au poing, & en donnant passage
A ses soldats, leur donne aussi courage :

 Ainsi de mille & mille flots voutez
Qui assailloient la nef de tous costez
Vn le plus haut & le plus fort s'auance
Et d'vn grand heurt sur le Tillac s'élance
Victorieux, puis les autres espais
Qui çà qui là l'entre-suiuant de prés,
Rompent les Bords, les Bancs, & la Carene,
Et la Nauire enfondrent soubs l'arene.

H ij

L'vn vers le ciel pour secours de son mal
Tendoit les mains, l'autre comme à cheual
Flotoit dessus vne antenne cassée :
 Là des Troiens la richesse amassée
Par tant de Roys, sur les ondes rouoit,
Seruant aux vents & aux flots de iouet,
Armes bouclairs, robes de riche ouurage
Nageoient sur l'eau, la proie du naufrage.
 Trois fois la Lune, & trois fois le Soleil
S'estoient couchez, que l'hiuer nompareil
Armé d'éclairs & de vagues profondes
N'auoit cessé de tourmenter les ondes :
Sans plus la nef de Francus resistoit
Haulte sur l'eau, qui encores s'estoit
Seulle sauuée & des eaux & des flames,
Ayant perdu ses voiles & ses rames.
Quand vn fort vent suiuy de tourbillons,
Et de l'horreur des humides sillons
En la singlant d'vne bien longue traitte
La chasse au bord du riuage de Créte :
 Vn Banc estoit de sablon enfoncé
Voisin du bord où Francus fut poussé
Plain de falaize & de bourbe atrainée :
Là pour mourir la fiere destinée
L'auoit conduit : de tous costez le bord,
Le vent la mer luy presentoient la Mort.
 Comme il pleuroit sur le hault de la pouppe
Il s'aduisa d'élire de sa troupe

Cent cheualiers qui de puis ont esté
(Ainsi estoit dans le ciel aresté)
Tiges & chefz des familles de France:
Les choisissant tout le dernier s'élance
Dedans l'Esquif, aymant trop mieux perir
Au bord, qu'en mer vilainement mourir.

  Leurs pieds n'estoient à peine en la nacelle
Que le courroux d'vne vague cruelle
Les fit par force au riuage approcher,
Et leur bateau froissa contre vn rocher,
Rocher qui dur espineux & sauuage
De son grand dos remparoit le riuage,
Ayant du vent tousiours le chef batu,
Les pieds du flot aboiant & tortu.

  Là le Demon qui preside à la vie
En tel dangier leur fit naitre vne enuie
De s'attacher à ces rochers bossus,
Et d'essaier à gaigner le dessus.

  Comme ils vouloient auecques la main croche
D'ongles aigus grimper contre la roche,
Le premier flot qui les auoit pressez
(S'en retournant) en arriere poussez
Les recula: la mer qui se courrouce
D'vn flot second encores les repousse
Contre les bords raboteux & trenchans.

  Là ces Troyens au rocher s'acrochans
D'ongles d'orteils se blessent & affollent
Et les rochers en regrimpant accollent,

H iij

Se dechirans les longues peaux des doigs,
L'un s'attachoit aux racines d'vn bois
Et l'autre en vain egrafignoit l'escorse:
Puis pas à pas d'vne penible force
Cherchant la cyme, & haletants d'effort,
Par les cailloux montent au haut du bord.

 L'eau de la mer des cheueux goute à goute
Depuis le front iusq' au pié leur dégoute
Blanche d'écume, & leurs membres soufflez
De tant de vents, se bouffirent enflez:
Les flots salez de la gorge vomirent,
Euanouïs leurs esprits se perdirent
De tant de maux debiles & lachez
Comme corps morts sur la riue couchez
Sans respirer, sans parler: Mais à l'heure
Que le toreau qui tout le iour labeure
Franc du colier retourne à la maison
Ces corps sortis de longue pamaison
Baisent la terre & la riue venteuse.

 Quiconque sois, Terre, sois nous heureuse
(Ce disoient ils) & loing de tous dangers
Sauue en ton sein ces paures estrangers,
Qui ont souffert mainte dure fortune
Par le courroux des vents & de Neptune.

 Comme ils prioient: Le dormir ocieux
Chasse-soucy leur vint siller les yeux
Et l'vne à l'autre attachant la paupiere
Leur deroba le soing & la lumiere.

LA FRANCIADE.

Tandis Cybele en son courage ardoit
Dequoy Neptun' son Francus retardoit:
Car elle aimoit (comme estant Phrygienne)
L'enfant d'Hector & la race Troyenne:
Pource soudain son char elle attela
Bat ses Lyons, & vers le Somne alla:
 Le Dieu vieillard qui aux songes preside
Morne habitoit dans une Grotte humide:
Deuant son huis maint pauot fleurissoit,
Mainte herbe à laict que la nuict choisissoit
Pour en verser le ius dessus la terre
Quand de ses bras tout le monde elle enserre:
Du haut d'un Roc un ruisseau s'écouloit
Obliuieux, qui rompu se rouloit
Par les cailloux, inuitant d'un murmure
A sommeiller en la cauerne obscure.
 Le coq qui aime à saluer le iour
L'oye le chien n'y auoyent leur seiour,
Sans plus la Nuict l'horreur & le silence
En tel logis faisoyent leur demeurance:
 Somne, dit ell', le repos de noz yeux,
Le bien aimé des hommes & des Dieux
Par qui le mal tant soit mordant s'oublie,
Par qui l'esprit loing du corps se délie,
 Va, ie le veux, en ceste isle où souloient
Iadis sauter les hommes qui baloient
Au son du Cistre, & de cliquantes armes
S'entre-choquant, auantureux gendarmes,

D'œil vigilant en l'antre Dictæen
Gardoient le Bers du grand Saturnien,
Terre fertile, anciennes retraites
Des Corybans, Dactyles, & Curétes:
   Là de leur race est encor auiourd'huy
Vn Corybant, le soutien & l'appuy
De tout honneur, de science semblable
Au vieil Chiron Centaure venerable:
   Quand il auoit le sang plus genereux,
En sa Ieunesse il deuint amoureux,
Si qu'en pressant à sa chere poitrine
Par amitié vne Nyphe marine
D'elle conceut deux filles & vn fils:
Les filles sont ainsi que deux beaux lis,
En la maison de leur Pere croissantes,
En age en grace en beauté florissantes:
   Le fils captif languit depuis vn an
En la prison d'vn barbare gean
Qui les corps vifs à son Dieu sacrifie
Et d'vn maillet leur dérobe la vie,
Dedans vn temple en sang humain laué
De bras de iambe & de testes paué:
   Luy plain d'honneur, de biens, & de richesse,
Tient sa maison ouuerte de largesse
Aux estrangers, tant il a grand desir
Entre vn millier d'en pouuoir vn choisir
Qui le reuanche, & son fils luy redonne
Seul heriter de sa noble couronne:

Va

LA FRANCIADE.

Va-ten vers luy, & en te transformant
Presente luy quand il sera dormant
Autour du lict cent formes épandues
Piqueurs, veneurs, trompes au col pendues,
Lesses, & chiens, bocages, & forests,
Larges épieux, cordages, & filets :
Limiers ardans, cerfs suiuis à la trace,
Et tout le meuble ordonné pour la chasse :
Presente luy des hommes inconnus
En longs habits à la riue venus,
Soubs qui son fils les armes doit apprendre,
Et par leurs mains sa liberté reprendre.

D'vn mesme vol affublé de la nuict,
Fantaume vain, porte toy sur le lict
Où va dormant l'vne & l'autre pucelle,
Fay leur sembler qu'vne estoile nouuelle
Viue d'éclairs, d'vn voiage lointain
Passant la mer vient loger en leur sein,
Et raionnée en flames bien éprises
Baize leur chair sans ardre leurs chemises.

Va-ten apres au bord où les Troyens
Dorment recreus des flots neptuniens,
Dessus la teste arreste ta volée,
Leur ame soit en songeant consolée
Sans auoir peur des habitans du lieu,
Car ia Mercure enuoyé du grand Dieu,
Des citoiens à flechi le courage
Pour en bonheur conuertir leur dommage

I

A tant se teut: & le roy du sommeil
Tout chassieux, ennemy du reueil,
D'vn chef panché qui lentement se cline
Et du menton refrapant sa poitrine,
Se resecoue, & sorty de son lict
Le mandement de Cybele accomplit.

Incontinent que l'Aube aux doigs de roses
Eut du grand ciel les barrieres décloses,
Versant les fleurs sur les yeux du Soleil,
Rouge tantost, tantost iaune & vermeil,
Se bigarrant en autant de manieres
Qu'on voit fleurir les riues printanieres:

Le Roy Dicæe (ainsi se surnommoit)
Ce Corybant qui la iustice aimoit,
Grand terrien, d'honneur riche, & de race,
Dresse l'aprest d'vne aboyante chasse,
Son palefroy à gros bouillons fumeux
Mâchant le frein fierement écumeux
Est à la porte, où à foule se rendent
Ieunes piqueurs qui deuisant l'attendent:
Maint chien courant couple à couple les suit,
De tous costez la meute fait vn bruit.

Par bois fueillus, par monts, & par valée,
Pleine de cris ceste chasse est allée:
Maint gros sanglier de dents croches armé,
Maint cerf craintif au large front ramé
Estoit ia mort, Quand au vueil de Cybele
Vn cerf poussé par ambusche nouuelle

LA FRANCIADE.

Tournant, virant, haletant, & mourant
De soif pantoise, alla viste courant
Vers le riuage: & le pere Dicæe
Suiuant ses pas par la poudre tracée
Comme le cerf à la riue aborda
Où ces grands corps inconnus regarda.

   Lors les Troyens en sursault s'éueillerent
Qui de le voir au cueur s'esmerueillerent:
Luy plain d'effroy en pamaison deuint:
Et de son songe à l'heure luy souuint.

   D'où estes vous (dit il,) de quelle place,
Quels sont voz noms, & quelle est vostre race,
Quelle fortune, ou quelle mer sans foy
Vous a trahis? hostes repondez moy:
Car à vous voir (bien que plains de miseres)
N'estes méchants, ny nez de méchants peres.

   Alors Francus baignant ses yeux de pleurs,
Et soupirant aigrement ses douleurs
Luy respondit: Si iamais les merueilles
Des Phrygiens ont frapé tes oreilles,
La longue guerre, & les dix ans d'assauts,
Le fier Achille auteur de tant de maux,
Le sac, la prise, & la flamme funeste
Du brazier grec, nous en sommes le reste:

   Pour soutenir leurs villes & leurs forts
Femmes enfans, noz aieux y sont morts,
L'vn sur le mur, l'autre par les alarmes:
Hector l'honneur des hommes & des armes,

I ij

Le pere mien, aiant cent mille fois
Trempé le sable au meurtre des gregeois
Gardant le sien, & sa mere, & sa ville,
Y fut tué par la traïson d'Achille.
 Comme vn sapin par le fer abatu
Hector tomba de ses armes vestu
Faisant vn bruit sur la poudre Troienne.
Où du vainqueur la roüe Æmonienne
(Acte vilain & plain d'impieté)
Trois fois le traine autour de sa Cité:
Ie fus sauué de la flamme cruelle
(Acte diuin) pendant à la mammelle,
Ie fuz des Grecs en seruage amené,
Nourry sans nom, bien que hautement né:
Ceux que tu vois d'vn visage si blesme
Couchez icy, ont eu fortune mesme,
De mesme ville, issus de mesme part,
Mes alliez de sang & de hazard.
 Quand sans honneur, sans grandeur sans enuie,
De plus haut bien, i'allois trainant ma vie
En Caonie aux pieds de mes parens,
Voicy d'en haut des signes apparens,
Voicy Mercure enuoyé du grand pere
Tancer mon oncle & menacer ma mere,
Dequoy forçant le ciel & la saison
Ils enfermoient ma gloire en la maison,
Et que des Dieux les grandes destinées
Auoient pour moy les Gaulles ordonnées,

LA FRANCIADE.

Eſtant au ciel pere des Roys receu:
Mais le Deſtin, & les Dieux m'ont deceu,
 Croiant en vain leur promeſſe menteuſe
Prompt ie me donne à la vague venteuſe,
Armant en mer quatorze grands vaiſſeaux
De viures pleins & de forts iouuenceaux,
Dont i'eſperois d'vne haute entrepriſe
Donter ſoubs moy ceſte Gaulle promiſe:
,, Mal'heureux eſt qui dedagne le ſien
,, Pour l'eſtrangier: en lieu de tant de bien,
Couronne, Sceptre, & royal mariage,
I'ay eu la mer, & les vents en partage,
Qui d'eſperance & de biens m'ont caſſé,
Et de quatorze vn vaiſſeau m'ont laiſſé
Qui pres ce bord ſauué à toute peine
Penche rompu enuironné d'arene,
Où tout mon bien i'auois faict enfermer
,, Si ceſt du bien ce qui flotte en la mer.
,, Du bout du haure on doit voir la marine,
,, Mal'heureux eſt qui ſur elle chemine:
Apres auoir trois iours entiers erré
D'aſtres certains & de voie égaré,
Touſiours pendu ſur la vague meurdriere
Vn bon Demon eſmeu de ma priere
Me ſecourant (d'hommes & d'armes nu,)
Ma faict grimper à ce bord inconnu,
Proie des loups, & des beſtes ſauuages:
 Nous ignorons des hommes les courages

I iij

De ce païs:ſi apres les dangiers
Ils ont le cueur piteux aux eſtrangers,
S'ils craignent Dieu, ſ'ils aiment la iuſtice,
Ou ſ'ils ſont pleins de ſang & de malice:
Pource, benin aie pitié de nous,
Sois homme ou Dieu, i'embraſſe tes genoux:
Si tu es Dieu, tu ſcais bien noſtre peine,
Si tu es homme, vne douceur humaine
Doit émouuoir ton cueur à paßion,
Aiant horreur de noſtre affliction.

 Il dict ainſi: le vertueux Dicæe
Contre-reſpond: ceſte terre ambraſſée
Des flots marins comme tu vois icy
Porte vn bon peuple & vn mauuais außy,
Mais à ce coup ta fortune meilleure
T'a fait ſurgir où la vertu demeure:
Pource tu ſois hoſte le bien venu.
Qui eſt celluy qui viuant n'a connu
L'honneur troyen, & pour garder ſa terre
Les faits d'Hector vn foudre de la guerre?

 Il me ſouuient qu'vn iour Idomené
Me diſcouroit, de nouueau retourné,
(Il retournoit nouuellement de Troie
Chargé d'honneur de renom & de proie)
Qu'apres qu'Hector les greques naufs brula,
Que vers Priam ambaſſadeur alla
Traitter la paix, mais il ne la peut faire
Ayant Pâris capital aduerſaire

LA FRANCIADE. 71

Par courtoisie il logea chez Hector
Qui l'honnora d'vne grand' coupe d'or
Au departir, où viuoit entaillée
Soubs le burin la Balaine écaillée
Ouurant la gueule, & faignant vn semblant
De deuorer le pauure corps tremblant
De la pucelle Hesione attachée
Contre vn rocher : la mer estoit couchée,
Au pié du roc, qui de flots repliez
De la pucelle alloit bagnant les piez
 Idomené me donna ceste coupe
Que ie tien chere entre vne riche troupe
D'autres vaisseaux dont ie cheris mes yeux
Et boy dedans aux festes de noz Dieux :
Il estimoit d'Hector la courtoisie,
Les vaillans faicts, les vertus, & la vie,
Et ennemy son honneur n'abaissoit
Ains iusq' au ciel ses louanges poussoit.
 Vous ne pressez vne terre étrangere.
C'est ô Troyens vostre ancienne mere
Crete, dont Teucre autrefois est issu
De qui le nom pour tiltre auez receu :
Encore Ida la montagne troyenne
S'ésleue icy, la demeure ancienne
De voz aieux, & pource ostez du cueur
Comme asseurez le soupson & la peur,
Et desormais rapellez l'esperance
Surgis au lieu qui fut vostre naissance.

Disant ainsi: ce Prince retourna:
En son palais long temps ne seiourna
Sans liberal enuoyer au riuage
Trente moutons, six beufs de grand corsage
Gras bien charnus, quinze barreaux de vin,
Coupes, habits, & chemises de lin,
Pour festoier, & couurir ceste bande
A qui la faim outrageuse commande
,, Rien n'est meilleur pour l'homme soulager
,, Apres le mal que le boire & manger.
  Eux affamez ces viandes rauirent
Qui d'une autre amé au besoin leur seruirent
Réiouissant la force de leurs corps,
,, Car le manger rend les hommes plus forts
  Tandis la nuit à la robe étoilée
Auoit la terre en toute part voilée
D'vn manteau noir ombreux & paresseux,
Lors que voicy les Fantaumes de ceux
Dont la grand mer en vagues departie
Auoit les corps & la vie engloutie,
Enflez, bouffis, écumeux, & ondeux,
Au nez mangez, au visage hideux,
Qui pepians d'vne voix longue & lente
(Comme poulets cherchans leur mere absente)
De mains de pieds figurans leur mechef,
De Francion enuironnoient le chef.
  Enfant d'Hector (disoient ils) nous ne sommes
Plus ces corps vifs, mais fainte de ces hommes,

Que

LA FRANCIADE.

Que bien armez, courageux, & bragards,
En tes vaisseaux amenois pour soldards,
Sur qui les vents au fort de la tempeste
Ont renuersé cent gouffres sur la teste:
Noz corps flotans apastent les poissons,
Noz esprits (las) en cent mille façons
Déprisonnez de l'humaine clôture
Dessus les flots errent à l'auanture:

   Fay nous aumoins sur le bord de ces eaux
Le triste apreſt de quelques vains tombeaux,
Et par trois fois de noz ames appelle
L'ombre au repos d'vne tombe nouuelle,
Bien qu'elles soient loin de leur corps: ainsi
Pourront porter doucement le souci,
En attendant que les eaux poissonneuses
Pourront ietter aux riues sablonneuses
Las! de noz corps le viel moule deffait
Pour leur baſtir vn sepulcrhe parfait.

   A tant s'enfuit la troupe naufragiere
Ainsi qu'on voit vne poudre legere
S'éuanouir, tournoiant & suiuant
Les tourbillons qui anoncent le vent.

   Incontinent que l'Aurore rosine
Eut le Soleil tiré de l'eau marine,
Francus s'esseue, & des premiers gazons
Fit des tombeaux, funerales maisons,
Puis repandant vne grand coupe plaine
De sang sacré : en leur demeure vaine,

K

Haut appelloit les ames qui venoient,
Et sur l'obseque espesses se tenoient,
Faisant tel bruit, que font en leur nichée
Les arondeaux attendans la béchée:
Et tels qu'on voit au milieu de l'esté
Soubs la plus viue & brulante clarté
Errer espais d'vn gros monceau qui tremble
Les moucherons qui volent tous ensemble,
Gresles menus, tournans de lieux en lieux,
Et si petits qu'ils nous trompent les yeux.
 Bien que voz corps (disoit Francus, aux ames)
Ne soient enclos soubs ces herbeuses lames
En attendant vn repos plus certain
Contentez vous de cest office vain,
Et frequentez en longue patience
Ces logis plains de Nuict & de silence.
 Esprits malins ne nous suiuez iamais,
Ou soit en guerre, ou soit en temps de paix,
Et en dormant n'epouuentez noz songes
D'effroy, de peur, ny d'horribles mensonges
Qui au reueil rendent l'homme transi,
Et sans nous suiure arrestez vous icy.
 Disant ces mots, plein d'vn soin qui le presse
Seul sur la riue élongné de la Presse,
Se tourmentant d'vn long soupir amer
Prioit ainsi la fille de la mer.
 Enten ma voix paphienne erycine
Si tu naquis de l'écume marine,

Ne souffre plus que tes flots maternels
Me soient auteurs de tourments eternels:
Alme Venus, mets en ta fantasie
Le souuenir de ceste courtoisie
Dont l'oncle mien te preferant, vsa
Lors que la pomme à Pallas refusa,
Et à Iunon, qui encores dolente
D'vn tel refus en tous lieux nous tormente:
Et s'il est vray qu'autrefois as laissé
Le ciel vouté du pié des Dieux pressé,
Et les citez soubs ton pouuoir gardées
Pour habiter les montagnes Idées.
Prise d'amour d'vn pasteur Phrygien
Aie pitié du mesme sang Troyen:
 Tu gardas bien & Iason & Thesée
Entrepreneurs d'affaire mal aisée,
Et s'ils n'auoient (les sauuant de perils)
Tant fait pour toy que mon oncle Paris:
Comme eux ie trace vne affaire bien haute
Et si ie faux, au destin soit la faute,
Et non à moy de rien ambitieux
Qui n'ay suiuy que l'oracle des Dieux.
 Priant ainsi, Venus la mariniere
Si ze en son throne entendit la priere:
Elle vestit ses sumptueux habits
Orna son chef flamboiant de rubis,
Entre-mellez de grosses perles rondes,
En cent façons friza ses tresses blondes,

K ij

A mignota de ses yeux les regards
Regards ie faux, ains homicides dards,
Prit ses aneaux de superbe engraueure,
Haussa le front, composa son alleure,
Se parfuma, s'oignit, & se laua,
Puis vers Amour son cher mignon s'en-ua.
 L'enfant Amour ècarté de la presse
Des autres Dieux, soubs vne treille épesse
Dans le iardin de Iupiter estoit
Où Ganymede aux eschets combatoit,
Venus de loin commance à luy sou-rire,
Flata sa ioüe, & ainsi luy va dire.
 Mon fils, ma vie, Amour mon petit Roy,
Tu es mon tout, ie ne puis riens sans toy,
Ny toy sans moy, mais soubs nous deux ensemble
Il n'y a Dieu si puissant qui ne tremble :
Laisse tout seul iouer ton compaignon,
Embrasse moy, baize moy mon mignon,
Pends à mon col, Mon fils ie te pardonne
Tous les torments que ta fleche me donne,
Tous les enuis les soucis infinis
Pour les amours d'Anchise & d'Adonis,
Si de ton trait tu blesses la pensée
En Francion, des filles de Dicæ :
Aide au Troyen, il est digne d'auoir
Pour sa beauté faueur de ton pouuoir :
 Ie te donray pour te seruir de page
Le Ieu mignard qui te resemble d'age,

Fin comme toy, de qui les petits doigs
Tous enfantins porteront ton carquois,
Et ton bel arc qui les hommes conqueste:
Il sera tien si tu fais ma requeste.

    Adoncq' Venus le mit en son giron,
Roses & lys épanche à l'enuiron
De sa perruque, & l'endort en sa robe:
Puis doucement de son fils se dérobe,
S'en-vole en Cypre, où son temple en tous temps
Voit ses autels chargez d'un beau printemps:

    A tant Amour du sommeil se secoüe,
Ses blonds cheueux arrengea sur la ioüe,
Vne double aile à son dos attacha,
Du prochain Myrte en sautant décrocha
Son plain carquois, il empoigne en la dextre,
L'arc: & des dieux & des hommes le maistre
Puis s'élancant hors la porte des cieux
En-demené fretillard & ioieux
Se rue en l'air: le ciel l'onde & la terre
Luy font honneur: Zephire qui desserre
Sa douce alaine odorante à l'entour
Tout amoureux va conuoiant Amour

    Ce petit Dieu, qui trompe la ceruelle
Des plus ruzez, prit semblance nouuelle
Se herissant en la forme d'un Tan,
(Fier animal) qui au retour de l'an
Quand le printemps rameine ses delices
Parmy les prez fait courir les Ienisses:

                                    K iij

Aux yeux de tous fut inuisible : puis
S'alla cacher dessous le Sueil de l'huis,
Ioignant la porte où le prince Dicæe
Superbe auoit sa demeure dressée.

 Tandis Francus branlant dedans la main
Vn iauelot à la pointe d'airain
Ayant au col sa targue à mainte houpe
Vers le chasteau mena sa ieune troupe.

 Venus la belle, au departir des bords
Songneuse d'eux enmantela leurs corps
D'vne nueuse & obscure couronne,
Pour n'estre veuz ny conneuz de personne,

 Quand au palais Francion arriua
Loing de leurs corps l'air espais se creua,
Et leur figure est propre reuenue
Comme astres clers déuestus d'vne nue.

 Ce iour Francus à merueille estoit beau,
Son ieune corps sembloit vn renouueau
Lequel estend sa robe bien pourprée
Dessus les fleurs d'vne gemmeuse prée,
La grace estoit à l'entour de ses yeux
De front, de taille, égal aux demi-dieux.

 Deuant la porte en assez long espace
Large, quarrée, estoit vne grand place
Où la ieunesse aux armes s'esbatoit
Piquoit cheuaux voltigeoit ou lutoit
Courroit sautoit, ou gardoit la barriere,
Iusques au ciel en voloit la poussiere.

LA FRANCIADE.

En ce pendant que d'œil prompt & ardant
Francus alloit le palais regardant
Festes, festons, gillochis, & oualles,
Dicea vestu de dignitez roialles
Accompagné de deux cens iouuenceaux
D'age pareils, aux mentons damoiseaux,
Au doux regard, d'une courtoise sorte
Vint caresser Francus oultre la porte,
Le bien-veignant, & d'un visage humain
Le tient l'embrasse, & luy serre la main.

 Pres de ce Prince en robes solennelles,
Estoit sa femme & ses filles pucelles,
Qui, fil, aiguille, & ouurages legiers,
Auoient laissé pour voir les estrangiers :
Comme un Auril estoient belles ces dames,
En cent façons les amoureuses flames
Qui de leurs yeux à passades sortoient
Peuples & Rois d'un regard surmontoient.

 Tandis le Dieu qui petit se dérobe
Finet trompeur se cacha soubs la robe
De Francion, & décochant deux traits
L'vn plain d'Amour de graces & d'atraits,
Qui doucement gagne la fantasie,
Et l'autre plain d'ardante ialousie
Tirez des yeux de Francus leur lancea,
Et la raison ensemble renuersa,
Troublant le sang, & remplissant les veines,
Foye & poumons de soupirs & de peines,

Puis en riant & sautelant, de là
Ce faux garson dans le Ciel s'enuola.

 Dessoubs le cueur de ces deux damoiselles
Fumoit la plaie à mornes étinceles,
Les consommant & fondant peu à peu
Comme une cire à la chaleur du feu :
De toute chose ont perdu souuenance,
Perdu sçauoir parole & contenance,
Car leur Esprit de merueille ébloüy
Bien loin du corps s'estoit éuanouy.

 De ces deux seurs l'une auoit nom Hyante,
L'autre Clymene : Hyante estoit sçauante
En l'art Magic', mais amour le plus fort
Qui n'a soucy de charmes ny de sort
De toutes deux auoit l'ame eschauffée
Qui ia pendoit au haut de son trofée :

 Elles bruloient à petit feu couuert
Comme une estoupe, ou comme un rameau verd
Qu'une artizane au point du iour allume :
Tout en un coup il entre-brule & fume
D'un feu caché qui luit obscurement :

 Ainsi Amour coulé secretement
Dedans le cueur de ces dames blessées.
Les étouffoit de secrettes pensées :
Tantost leur ioüe en sautant rougissoit,
Palle tantost, tantost se blanchissoit,
Tantost tremblant' de taches estoit pleine,
Le seul miroir qui tesmoignoit leur peine,

         A tant

LA FRANCIADE.

A tant Francus entra dans le chasteau,
Son iauelot posa contre vn Rateau
Le long du mur à costé de lentrée
Où se couchoit mainte lance ferrée.

Pour nettoier son corps las & souillé
Dedans le bain tout nud s'est dépouillé,
Puis comme vn astre entra dedans la salle
Braue d'orgueil & de pompe roialle.

En ce chasteau par bandes fremissoient
Prompts seruiteurs, dont les vns tapissoient
D'ouurages d'or les superbes murailles,
Longs arguments d'anciennes batailles,
Autres de ranc sur la place aportoient
Tapis ouurez, les autres apprétoient
Les lits enflez de Couuertes veluës,
Autres dressoient les viandes esleuës,
Autres chargeoient les hauts buffets dorez
De grands vaisseaux d'histoires honorez.

Sur vne Esguiere en assez longue trace
Des Corybans estoit painte la race,
Comme Briare en amour furieux
Desesperé de sa nymphe aux beaux yeux
Alloit tout seul par mont & par bocage
Iettant vn cry comme vn lion sauuage
De nuit de iour errant par les buissons,
Changeoit son corps en cent mille façons,
Tant en amour forcenoit sa folie
Pour se saisir de sa Cymopolie,

L

Mais à la fin se changeant en serpent,
A dos rompu sur le ventre rampant,
La tient serrée, & l'aiant embrassée
D'elle conceut les aieux de Dicæe.

Sur vn bassin Saturne estoit graué
En cheueux blancs, de vieillesse agraué,
A la grand faux, qui auoit la machoire
Du sang des siens toute relante & noire:
Sa femme Rhée à l'autre bord estoit
Qui pour son fils vn caillou presentoit
A ce vieillard, les appas de son ventre:
Dessous ses pieds se herissoit vn ancre
Où Iupiter viuoit emmailloté
Du laict diuin de la Chieure allaitté.

Autour du Bers les anciennes races
Des Corybans bien armez de cuiraces,
Targes, boucliers, se choquans d'vn grand son
Rendoient sans bruit la voix de l'enfançon,
Craignant Saturne affamé de nature
Qui ses enfans deuoroit pour pasture.

Quand tout fut prest, ce prince pour myeux voir
Son estranger, courtois le fils assoir
A vis deluy, & fit asseoir ses filles
Aux yeux armez d'amoureuses scintilles,
Puis selon l'ordre & l'âge & les honneurs
Qui hault qui bas s'assirent les seigneurs.

D'vn cueur ioieux ceste gaillarde bande
Mit promptement les mains à la viande,

Et festoiant le Troien estranger
Le conuioient doucement à manger:
    L'vn est pensif, l'vn parle, & l'autre coupe,
Maint eschanson emplissant mainte coupe
De vin fumeux, les tables entournoit,
Et iusqu'aux bords les tasses couronnoit.
    Incontinent que la soif fut ostée,
Et de la fain la fureur surmontée,
Aiant le Roy pour office diuin
A Iupiter versé le dernier vin
A plain hanat, inuoquant sa puissance:
Toute debout se leua l'assistance
Loin de la table enuieuse d'aller
Apres souper diuiser & baller.
    Vn buit se fait. La gaillarde ieunesse
Prenant chacun la main de sa maistresse,
S'offre à danser: maint flambeau qui reluit
Du planchier d'or veinct l'ombre de la nuict.
    Le vieil Terpin qui de fleurs se couronne
Son dos appuye au flanc d'vne coulonne
La Lyre au poin, & ioignant à la voix
Les nerfs frapez par l'accord de ses doigts
D'vn plaisant son les inuite à la danse:
Le pied certain rencontre la cadence!
    Dieu (disoit il) qui tiens l'arc en la main,
Fils de Venus, hoste du sang humain,
Qui dans les cueurs tes roiaumes, habites,
Qui cà qui là de tes ailes petites,

Voles par tout iusqu'au fons de la mer,
Faisant soubs l'eau les dauphins allumer,
Dont l'aspre trait à feru la poitrine,
Des Dieux là haut, là bas de Proserpine,
Pere germeux de naissance, & qui fáis
Comme il te plaist les guerres & la paix,
Prince inuaincu, nourricier de ce monde
Qui du Chaos la cauerne profonde
Ouuris premier, & paroissant armé
De traits de feu, Phanete fus nommé:
Double, iumeau, emplumé de vitesse,
Porte-brandon, archer que la ieunesse
Au sang gaillard courtize pour son Roy.

O grand Demon, grand maistre, écoute moy,
Soit que tu sois au milieu de la bande
Des plus grands Dieux où ta fleche commande,
Soit qu'il te plaise habiter ton Paphos,
Soit que ton chef tu laues dans les flots
De la fontaine Erycine, ou que vuide
De tout soucy, de tes vergiers de Gnide
Entre les fleurs habites la verdeur,
Vien allumer noz cueurs de ton ardeur,
De ceste danse échauffe le courage,

Sans toy n'est rien la pointe de nostre age,
Faueur, honneur, abondance de bien,
Force de corps sans ta grace n'est rien,
Ny la beauté: & mesmes nostre vie
Est une mort si de toy n'est suiuie,

Ensemble Dieu profitable & nuisant.
　Vien doncq icy comme vn astre luisant
Donner lumiere à si belle entreprise,
Et ceste feste heureuse fauorise.
　Ainsi chantoit Terpin le bon vieillard,
Les Balladins haussans le cry gaillard
Les derniers vers du chantre recouperent
Et de leurs voix les soliueaux fraperent.
　Seul à l'écart apuyé contre vn coin,
Veuf de plaisir, plain d'angoisse & de soin,
A sourcy bas, à poitrine poussée
De longs sanglots, estoit le bon Dicæ,
Vn fleuue espais de ses yeux s'ecoula:
Francus l'auise, & ainsi luy parla.
　C'est à moy Prince à pleurer & à traire
Tant de sanglots, à qui tout est contraire,
A qui la Mer, l'Air, la Terre, & les Cieux
Sont obstinez ennemis enuieux,
Qui m'ont trompé dessous belle apparence:
,, Il n'est rien pire aux mortels qu'esperance.
　Mais toy seigneur si sage & si prudent,
En biens citez & peuples abondant,
Riche d'honneur & de terre fertile,
Riche de femme, & de belle famille,
Ne deurois estre en ce point languoreux,
Ains les soupirs laisser aux malheureux.
　Dicæ respond, Las si ie n'estois pere
Hoste Troien, ie serois sans misere,

L iij

Vn mien seul fils a causé mon tourment,
Et s'il te plait, ie te diray comment.
　　Dedans ceste isle habite de fortune
Vn fier Tyran, la race de Neptune,
Horrible & grand, mais homme en cruauté
Tant soit cruel ne la point surmonté:
Il fait meurdrir tous ceux qu'il prend en guerre,
Ceux que la mer iette contre sa terre,
Dessus l'autel de son pere, & de sang
Honnit le temple: Il attache de rang,
Piteux regard! sur la porte les testes,
Des assomez, miserables conquestes:
Le fer ne peut endommager sa peau
Il rebondit comme fait vn marteau
Dessus l'enclume: en vne seule veine
Pres le talon est sa parque & sa peine.
　　Mille estoient morts par sa cruelle main,
Quand moy touché d'vn cueur doux & humain
Luy fis sçauoir que les bestes sauuages,
Tigres, lions enuenimez de rages,
Qui sans raison viuent parmy les bois
Gros animaux sans pitié ny sans lois,
S'entre-tuoient, & mangeoient leur semblable,
Mais l'homme né d'vn esprit raisonnable,
Enfant du ciel, ne doit faire mourir
L'homme son frere, ainçois le secourir.
　　Ce grand Geán oyant ceste nouuelle
Enfla son fiel de colere cruelle,

LA FRANCIADE. 87

Et bouillonnant, écumant, & grondant,
Sans m'aduertir de son courroux ardant,
Vint au matin au pied de ma muraille
Me deffier en plain champ de bataille.

   En telle peur soudain armer ie fis
Mon ieune Orée, (ainsi a nom mon fils)
L'acompagnant de bien peu de gendarmes
Mieux equipez de courage que d'armes.

   Ce iouuenceau à qui le blond coton
En se frizant sort encor du menton,
Fort & hardy fit auancer sa trope,
Et le premier assaillit le Cyclope
Le grand Phouére, (helas on nomme ainsi
Ce fier Tyran aux plaies endurcy)
Mais pour neant ce ieune enfant s'efforce,
Car du Gean l'inuiolable force
Le prit captif au beau milieu des siens,
Puis en serrant de vergongneux liens
Ses gens & luy, d'un baston les emmeine
Comme un pasteur ses moutons en la plaine.

   Depuis le temps ce malheureux cruel
De iour en iour a tué sur l'autel
L'vn des captifs pour offrande funeste,

   Ils sont tous morts : ha ie meurs! & ne reste
Sinon mon fils, qui sentira demain
La pesanteur de sa cruelle main.

   Ainsi disoit versant soubs sa paupiere
De tiedes pleurs une large riuiere,

A gros sanglots entre-rompant sa voix:
Lors que Francus le tige de noz Roys
Meu de pitié le console & le flate,
Et luy respond: I'aurois vne ame ingrate,
Né d'vn rocher, & d'vn tigre conceu,
Si mesurant le bien que iay receu
De toy Seigneur à ma douleur extréme
Pour te sauuer ie ne t'offrois moy-mesme,
Mon sang ma vie, & ce glaiue tranchant
Assez pointu pour punir vn méchant:
Fay moy sans plus apprester sur la place
Armes cheuaux, ains que demain se passe
Il connoistra qu'vn Pere valeureux
A son malheur m'engendra vigoureux,
Pour ne souffrir regner vne malice
Sans que mon bras vengeur ne la punisse.
 A tant Francus à son parler mit fin,
Puis l'eschançon aiant versé du vin
A longs filets en l'honneur de Mercure
Estant la nuit & profonde & obscure
Ia les Trions commançans à pencher,
Chacun se leue, & s'en alla coucher.
 Incontinent que l'Aube iour-apporte
Du grand Olympe eut débarré la porte,
Et le Soleil par les heures pressé
Eut son Baudrier en biez retroussé,
De rais fourchuz orné sa teste blonde,
Haut en son char donnant lumiere du monde,

Ce

LA FRANCIADE.

Ce fier Tyran à la muraille alla :
Vn cheualier au combat appella
Tyran superbe & de fiere arrogance,
Le cor en bouche, en la dextre la lance
Ferme en l'arrest, sur le dos le harnois,
L'espée au flanc, au costé le pauois,
Sur le rongnon la dague, & sur la teste
Vn morrion brillant comme tempeste
Que Iupiter élance au mois d'esté
Sur le sommet d'vne iniuste cité

 Vne grand' queuë à la cime atachée
Du morrion ondoioit épanchée
Dessus le dos, qui autant se rouloit
A flots rompus que le chef s'ébranloit.

 Pour son destrier pressoit la forte eschine
D'vne cauale : elle auoit la poitrine
Blanche & le front, le reste de la peau
Hors le pied gauche estoit de poil moreau.

 De tel harnois cest horrible aduersaire
Estoit vestu, sans qu'il en eust affaire,
Car il portoit le fer tant seulement
Non pour s'armer, mais bien pour ornement
Et pour ietter vne horreur en la face
Du cheualier qui viendroit sur la place.
Il se moquoit en fronçant le sourcy
Du bon Dicæ & luy disoit ainsi.

 Pour champion ta sotise m'apreste
Viel radouté la frygienne teste

M

D'un Iouenceau qui scauroit mieux ramer,
Comme un forsat, que furieux s'armer.
　　Pour le loier d'une telle entreprise
Tu as ta fille à ce Troyen promise,
Pauure chetif: ce fer dont il mourra,
Pour son douere un tombeau luy don'ra
　　Encor dit-on que ce banny se vante
Que le destin les gaulles luy presente,
Voire & qu'il erre où le ciel le conduit,
Le pauure sot des oracles seduit,
Qui ne scait pas que sus les choses nées
Ne peuuent rien les vaines destinées:
　　Crete est sa gaulle, & mes braues fureurs
Seront le but de ses longues erreurs:
　　En moy ne soit la mort renouuellée
De mon ayeul le superbe Talée,
Qu'une Medée en sauuant des dangers,
Ie ne scay quels Pyrates estrangers
Ensorcela d'un magique murmure,
Ce n'est pas moy qui des charmes a cure,
Ne qui me laisse aux paroles piper,
Le fer tranchant ne me scauroit couper,
Ny Iupiter tuer de son tonnerre
S'il regne au ciel ie regne en ceste terre.
　　De tels propos comme il s'alloit brauant,
A larges pas Francus vint au deuant:
Ie suis celuy que ton orgueil m'éprise
Ieune Troyen auteur de l'entreprise,

Qui te veux faire auant le soir sentir
A ton malheur que peut vn repentir,
  Va-ten brauer de tes paroles fieres
Vieillards enfans & pauures filandieres,
Qui tout le iour tirans le fuzeau plain
Gaignent la vie au labeur de leur main.
  Aproche toy tu-as trouué partie
Qui scait comment les vanteurs on chastie,
Quoy que tu sois au combat dangereux
Si seras tu Phouére bienheureux
D'aller victime au fleuue Acherontide
Tué des mains d'vn si ieune Hectoride.
  Il dit ainsi : Le Gean d'autrepart
Ruant sur luy vn terrible regard
D'vn œil qu'à peine en biez il abaisse
De ce Troyen contemploit la ieunesse,
  Ne le voyant de corps massif ny fort,
De fier visage, ou d'vn horrible port,
De front seuere, aux ioustes bien à craindre,
Ains d'vn poil blond qui commancoit à poindre,
De gresle taille, & d'œil serain & beau,
Fresche la main, & bien fresche la peau,
Et d'vn regard qui les graces surmonte,
Il eut le front tout allumé de honte,
Retint la bride, & le tençoit ainsi.
  Ieune garson, on ne combat icy
Pour remporter à sa mere la gloire
D'vn verd laurier: Le prix de la victoire,

N'est vn cheual aux armes bien apris,
Le sang vaincu du vinqueur est le prix
Et la ceruelle à mes pieds épandue,
Les os semez, & la teste pendue
Sur mon portail qui me sert de Trofé
De tiede sang à toute heure échaufé

Si de la Mort il t'est pris vne enuie
Comme ennuyé des malheurs de ta vie,
Tu es trompé de te laisser mourir,
Cheuaux perdus se peuuent raquerir,
Vne maison nous peut estre rendue,
Mais quand la vie est vne fois perdue
Enseuelie en vn tombeau reclus,
Cest fait, les Sœurs ne la refilent plus :
Or' s'il te plait d'vne braue écriture,
Et d'vn beau tiltre orner ta sepulture,
Vien au combat, grand honneur tu auras,
Quand par la main de Phouére mourras.

A tant mit fin à sa menasse fiere
Ne sachant point que c'estoit la derniere :
Pauure chetif ! le cours de son destin
En ce lieu-mesme auoit borné sa fin.

Tandis Francus qui le combat desire,
Songneux, des l'aube auoit de sa nauire
Ia fait venir le harnois que portoit
Troile à Troye, alors qu'il combatoit
Contre les Grecs, imitant la vaillance
Du bon Hector & non pas la puissance

Que pour presẽt Helenin luy donna
Le iour qu'au vent sa voile abandonna,
Et le pria de garder telle armeure,
Contre la mort assurance tresseure :
Quand le Troyen au combat animé
De teste en pied fut richement armé
Le bon Dicæ en secret le conseille,
Et loin à part luy s'acoute en l'oreille.

Si de fortune hoste troyen les cieux
De ce meschant te font victorieux,
Et qu'à tes pieds tu l'abates à terre,
Trenche luy tost la veine qui luy serre
Le mol talon : de telle place sort
Non d'autre lieu la cause de sa Mort.

Tandis là haut Iupiter qui ordonne
Les faicts humains la victoire te donne,
Ia dans le ciel est fillé par Clothon
Qui de vous deux doit aller chez Pluton :

Ces Champions enflammez de colere,
Icy Francus, de l'autrepart Phouére,
Plus que deuant en armes fiers & grands
Donnans l'esprit aux cheuaux par les flancs,
D'vn masle cœur l'vn sur l'autre coucherent :
Et leurs escus rudement embrocherent,
Du coup donné le riuage trembla,
Le mont fremit, le fleuue se troubla :
En mille esclas les pointes asserées
Furent toucher les estoilles dorées.

LE II. LIVRE DE

Dedans les mains leur restoit le tronçon,
Qu'eulx bien fermez & roides en l'arçon,
De recourrir encores s'auiserent,
Et leur Pauois par le milieu briserent :

A iour ouuert le Pauois se cassa :
Ainsi que glas le tronçon se froissa,
Et d'vn tel heurt leurs échines courberent
Que les destriers sur la croupe tomberent,
Tant d'vn grand coup ils s'allerent choquant :
Puis iusq' au sang leurs cheuaux repiquant,
Haussant la bride, en fin les releuerent,
Et de la main leurs Coutelas trouuerent
Bien aiguisez, qui de l'arçon pendoient,
Et de leur trempe vn harnois pourfendoient.

Dessous le fer sifflant comme tempeste
Ores leur ioüe, ores sonnoit leur teste,
Ore la temple : vn coup qui l'autre suit
Greslé menu faisoit vn pareil bruit
Que les Beliers qui sur les fleuues congnent
Des paux aigus, quand les ouuriers besongnent
Pour faire vn pont, ou pour le racoutrer,
Coup dessus coup le Belier fait entrer
Le bois piqué : Dessous le choq qui tonne
Le creux riuage & le fleuue en resonne.

Eux tournoians & se suiuans de pres
Versans des coups plus que la nege espais
Qui ne tomboient soit de pointe ou de taille,
Sans donner ample ouuerture à la maille,

La dénoüant, rompant, & decrochant :
　Acier ne fer à leur glaiue trenchant
Ne peut durer ny boucle ny couraye,
Tant de leur main est horrible la playe.

　Du bon Troien le cheual fut adroit
Qui sans fraieur tournoit en tout endroit,
Et la cauale en crainte estoit frapée
Oyant l'horreur du sifflant de l'espée.

　Pource Francus en parant éuitoit
Comme il vouloit la touche qu'il doutoit,
Et le grand corps ne trouuoit l'auantage
De le fraper comme il auoit courage.

　L'vn resembloit à ce flot courroucé
D'écume blanche & de vent herissé,
Qui d'vn grand branle en menassant se vire
Impetueux sur le bord du nauire.

　L'autre sembloit au bon Pilote expert
Qui plus d'esprit que de force se sert,
Ores la proue, ores la poupe il tourne,
Et vigilant en vn lieu ne seiourne,
Ains adioustant la vigilance à l'art
D'vn œil prudent éuite le hazart

　Ce fier Gean qui passoit d'vne brasse
Tant il fut grand, de Francion la face
D'vn pesant choq contre luy s'aprocha,
Et le pressant l'espaule luy toucha,
L'esgratignant de legere blessure :
Et n'eust esté la trempe de l'armure,

Qui de l'acier la force rebouchoit,
Bien loin du col l'espaule luy trenchoit:
Du mesme coup en releuant la dextre
Bien haute en l'air tant qu'elle pouuoit estre,
Se roidissant sur les estriers, frappa
Le fin armet du Troyen qu'il couppa
Deux doits auant, & l'étonna de sorte
Que le dur corps d'vne enclume bien forte
Seroit legier au pris de ce coup là,
Qui des arçons chancelé ébranla:
Car il fut tel, que la grand' coutelace
Frapant la trampe alla dessus la place
En maint éclat de flammes allumé,
Laissant le poin du Tyran desarmé.

 Francus troublé de pamaison extrême
Perdit la force en se perdant soimesme,
Perdit raison contenance & couleur,
Grinssant les dents de rage & de douleur:
Dedans le tais luy tourne la ceruelle,
Deuant ses yeux erre mainte chandelle,
Meint tintouin aux oreilles luy bruit,
Son chef balance affublé d'vne nuit,
Et ce pendant son cheual le promeine
Comme il luy plait au trauers de la plaine.

 Sans respirer sans sentir & sans voix,
D'ouuertes mains fit signe par trois fois
D'aller à terre, & si l'aspre tempeste
De ce meurdrier eust suiuy sa conqueste

Iamais

Iamais Francus aux gaulles n'eut pris bord,
Mais le Geant le tenoit comme mort.

Vne paleur qui s'enfante de crainɛte,
Des regardans auoit la face painte,
Et le sang froid qui au cueur s'assembla
Fit que Dicæe en soupirant trembla.

Mais tout ainsi qu'on voit deux colombelles
Fremir de peur soubs les griffes cruelles
De l'esperuier, qui n'agueres auoient
Laissé leur nid, & legeres deuoient
S'en retourner au colombier pour paistre
Leurs chers enfans qui ne font que de naistre,

Ainsi trembloient dans l'estomac les cueurs
A longs souspirs des deux royalles Sœurs,
Qu'amour ardoit d'vne viue flammeche,
Et dans leur sang auoit mouillé sa fleche.

Tandis Francus en armes eut loisir
De se refaire, & la place choisir
Pour se venger, où le fer le plus rare
Entre-serroit la gorge du Barbare.

Trois quatre fois son cheual repiqua,
Et d'vn grand heurt son ennemy choqua,
Bandé de nerfs de muscles & de veines:
Puis en serrant fortement à mains plaines
Son coutelas, la pointe en retourna
Et du pomeau coup sur coup luy donna,
Contre la gorge, où la boucle ferrée
Du Gorgerin láchement fut serrée

N

Et my-pasmé sur l'arçon l'abatit:
Auec le sang l'écume luy sortit
Loin de la gueulle à gros flots ondoiante:
Francus le prend, le presse & le tormente,
Et tellement le courage luy vient
Que d'vne main & de l'autre le tient
Pousse & repousse, & d'un tel neud le serre
Que des arçons tous deux tombent à terre,
Comme grand pins: Le harnois fait vn bruit
Dessus leur dos: La colere les suit!

   Mais aussi tost que la terre presserent
Plus que deuant au combat s'élancerent
Comme lions de puissance indontez,
Le fer trenchant sacquent de leurs costez
Qui se cachoit d'vne alumelle fine
Du long la cuisse en leur gaine iuoirine.

   Entre l'ardeur, la haine, & les efforts,
Vne fureur leur rechauffa le corps,
Icy la rage, icy la chaude honte
Des deux guerriers le courage surmonte,
Perd leur raison, si bien qu'a toutes mains,
A vuides coups, à coups fermes & plains,
De pointe taille & de trauers ruerent,
Et leur harnois en cent lieux declouerent,
Si que le camp estoit par tout semé
Du fer tombé de leur corps desarmé.

   Icy la Hausse, icy tombe la Greue,
La Maille icy: Ces cheualiers sans treue

Fumant, suant, souflant, & haletant,
Playe sur playe ils se vont combatant
Pié contre pié sans point changer de place:
L'vn de son corps se fie en la grand' masse,
Ferme en son poix, & l'autre plus gaillard
Dispost se fie au secours de son art:

 Mais à la fin ils reprennent alaine
Demy-matez de sueur & de peine:
Puis tout soudain comme deux Toreaux font
Rentrent de piez & de bras & de front
L'vn contre l'autre: Vne horreur vne rage,
Vn fier despit flamboye en leur visage:
Tantost petits, tantost ils se font grands,
Tantost courbez, tantost à demy flancz,
Dessus la iambe ores gauche ore dextre
Contre-auisoient où le coup pouuoit estre
Mieux assené, mais point ne se trompoient,
Car tout d'vn coup ils paroient & frapoient.

 Francus luy iette en l'œil droit vne pointe,
L'autre appuiant sur sa dague bien ioincte
L'espée en croix, loin de l'œil repoussa
La playe au vent, & le bras luy blessa:

 Le sang coula de cest enfant de Troie
Vermeil ainsi qu'est vne rouge soie
Que la pucelle arrange auecques l'or
Dessus la gaze ornement d'vn tresor.
Ou tel que fut de la playe Adonine
Le sang sardeur de la roze pourprine,

N ij

Mais pour cela ne perdit la Vertu:
Armé de cueur & de glaiue pointu,
Le suit le tient l'importune & l'aproche,
Comme les flots qui frapent vne roche.
   Luy qui le corps de naissance auoit dur
Plus que metal ou le marbre d'vn mur,
Comme ruzé, par longue preuoyance
Gardoit sa veine afin qu'on ne l'offence.
   Francus qui vit que c'estoit temps perdu
D'auoir sur luy tant de coups despendu,
Ainsi qu'vne Aigle en roideur qui se laisse
Caler à bas, ouurant la nue espesse
Dessus vn Cygne arresté sur le bord:
Ainsi doublant effort dessus effort,
Sur le grand corps s'eslance de rudesse,
Adioustant l'art auecques la prouesse,
Soubs luy se rue, & de pres l'attacha.
   La gauche main à son col accrocha,
Et de la dextre encontrebas le tire:
Il le tourmente, il le tourne, il le vire,
Le choque heurte, & d'vn bras bien tendu
Le tient en l'air longuement suspendu:
Puis du genou les iambes luy trauerse,
Et le fit cheoir tout plat à la renuerse:
Le dos imprime en tombant de son long
La poudre mole: Ainsi tombe le tronc
D'vn grand Sapin bronché d'vne montagne
Qui de son corps imprime la campagne.

LA FRANCIADE.

De bras de teste & d'ongles bien crochus
Cent fois essaie à se remettre sus,
Se debatant, mais en vain il s'éfforce,
Car du Troyen la vigoreuse force
Tient le genou, comme victorieux
Sur l'estomac, le poignard sur les yeux.

Trois quatre fois de toute sa puissance
L'auoit frappé, quand il eut souuenance
Que le trespas de ce cruel felon
Estoit enclos aux veines du talon.
Pource il se tourne, & promptement assené
L'endroit certain où tressailloit la veine,
Du fer poignant coup sur coup la chercha,
Et veine & vie ensemble luy trencha.

Le sang qui sort d'une viue secousse
Bien loin du corps rendit la terre rousse
A longs filetz : ainsi que d'un conduit
S'eschape l'eau qui iallissant se suit,
Et d'une longue & saillante rousée
Baigne la place à l'entour arrosée :

Ainsi le sang bouillonnant s'enalla,
Auec le chaud son ame s'enuola
Palle d'horreur & de despit suiuie
De perdre ainsi la ieunesse & la vie.

Ce corps tout froid & affreux se roidit,
Comme un glasson l'estomac luy froidit,
Et de ses yeux l'une & l'autre prunelle
Ferma son iour d'une nuit éternelle,

N iij

N'estant plus rien d'vn tel Tyran, sinon
Vn tronqs bronché difamé de renom.

   A tant Dicé d'vne face ioieuse
Vint saluer la main victorieuse,
Baisa Francus le couronna de fleurs:
Tu as (disoit) effacé mes douleurs
Vray heritier de la gloire hectorée,
Tuant Phouére & sauuant mon Orée:
Le bon Demon qui de nous à soucy
Pour mon support t'a bien conduit icy,
Noble Troyen de prouesse l'exemple,
En corps mortel digne d'auoir vn temple,
Et comme Hercule adoré des humains,
Tant a d'honneur la force de tes mains.

   Comme il chantoit cest hymne de victoire
Voicy la nuit à la grand' robe noire
Qui vint aux yeux le sommeil épancher,
Le souper faict chacun s'alla coucher.

FIN DV SECOND LIVRE
DE LA FRANCIADE.

LE TROISIEME LIVRE DE LA FRANCIADE,

'OBSCVRE nuit qui d'vn
sommeil enserre
Les Dieux au ciel, les hom-
mes en la terre,
Laissant couler froidement
sur les yeux
Vne eau puisée au fleuue sty-
gieux,
L'vne sur l'autre attachoit
les paupieres,
Charme trompeur des peines iournalieres.
Mais le dormir qui tient les yeux sillez
N'auoit glissant ses presens escoulez
Dessus le chef des deux Sœurs esueillées,
De trop de soing amoureux trauaillées:

O

Adonc Hyante à sa sœur parle ainsy :
　Mais d'où me vient, chere sœur, ce soucy
Que ma Raison à perdu sa puissance ?
Que mon penser d'un autre prend naissance
Sans me resoudre & qu'un nouuel esmoy
Me rauist toute & chasse hors de moy !
　Ie ne tien plus de mon cœur que l'escorce,
Dedans s'y loge vne puissante force
Que ie ne puis ny penser ny nommer,
Si ce n'estoit le mal qu'on dit aimer.
　Ie songe assés pour les causes aprendre
De mon trauail & ne les puis comprendre :
Bref ie n'ay peu ny boire ny manger,
Depuis le iour que i'ay veu l'estranger
Touiours pendue en sa blonde ieunesse
D'œil ou d'esprit : Maugré moy ie confesse
N'auoir iamais senty telle douleur
Qui me fait perdre & sommeil & couleur.
　Depuis vn iour ie suis toute esperduë
Me consommant comme nege fonduë,
Ah ie me meurs ! mon mal pourtant me plaist
Et ne puis dire en quelle part il est :
Sans s'arrester mon Esprit est volage :
De ce Troyen touiours le beau visage,
L'honeur la grace en l'ame me reuient.
Touiours touiours & touiours me souuient
De son combat, & de sa main guerriere
Qui l'acompagne en sa barbe premiere.

LA FRANCIADE.

Pere des Dieux quelle aymable vertu!
Quel port il a! comme il s'est combatu
Pour le secours de nostre frere Oræ,
Il est vrayement de la race Hectorée:
Sa main sa force & son cœur genereux
Montrent assez qu'il est du sang des Preux.

Si i'estois libre & si iauois puissance
De viure à moy, ie ferois alliance
Par mariage à ce ieune Troyen.
Plustost le feu du grand Saturnien
Tombé menu sur mon chef me foudroye,
Plustost la terre en se creuant m'enuoye
Soubs les enfers ma demeure choisir
Que mon honneur soit trompé d'vn plaisir,
Et que peu sage ainsi ie me marie
Sans le congé de ceux qui m'ont nourrie.

Atant se teut: Le cœur luy est failly:
Comme ruisseaux les larmes ont sailly
De ses beaux yeux, presages de sa peine,
Quand d'autre part luy respondit Clymene,
Qui moins n'ardoit de segrette langueur
Pour le Troyen qui luy bruloit le cœur.

Mais plus que l'autre elle estoit auisée,
Qui ne vouloit vne amour diuisée,
Ains vouloit seule en toute affection
Dame, iouïr du cœur de Francion:
Pource en mentant par vn grand artifice.
Luy conseilla, qu'aimer estoit vn vice,

O ij

Ainsi son mal par fraude elle cacha,
Et l'inconstance à sa sœur reprocha.

Ou sont, ma sœur, ces responces hautaines
Que tu rendois à tant de Capitaines,
Princes & Rois? que pour ses gouuerneurs
Crete nourrist en pompes & honeurs?
Qui trauaillez d'une amoureuse flame
Tous à l'enuy te cherchoyent pour leur femme?
Quoy? seulement d'un courage endurcy
Ne desdaignois ces maris: mais aussi
Tu mesprisois les hommes dont l'audace
Est trop cruelle encontre nostre race.

Quoy? disois-tu? comme un superbe roy
L'homme contraint les femmes à sa loy,
Non seulement les estime inutiles
A gouuerner les sceptres & les villes,
Mais loing d'honeurs & loing de commander
Les fait ourdir, les laines escarder,
Coudre, filer: & de paroles braues
En son foyer les tance comme esclaues.

Qu'heureuse fut Lenmos au temps passé,
Où le pouuoir des hommes fut cassé
Par la finesse & prouesse des femmes,
Si que les noms des hommes estoient blames.

A labourer les terres ils seruoient
Sans autre charge, & les dames auoient
Le magistrat, & seules la Police
Administroient le sceptre & la iustice.

Ou sont ces mots? ou est ce cueur si haut?
A ton besoing le courage te faut
Qui maintenant à la premiere veuë
D'un estranger as l'ame toute esmeuë
Et veux ton nom sans raison diffamer
Pour un Pirate, un Corsere de mer
Qui va cherchant par les ondes sa proye
Soubs faux-semblant de refaire une Troye:
Et par amour espiant la saison
De desbaucher les filles de maison,
Au premier vent loing d'amis les emmeine
Pour les laisser sur quelque froide areine:
Car estant soul de son premier plaisir,
Et ne voulant que changer & choisir
Les abandonne, & sans tenir promesse
Marche fuitif où l'orage le presse.
 De tel malheur l'exemple encore vit
En ce païs, d'Ariadne qui suiuit
Maugré Minos, le pariure Thezée
Tant elle fut à prendre bien aizée.
 Mais aussi tost ce Pirate meschant
De son serment & d'elle se fachant,
La quitta seule au matin endormie
Apast des loups, au riuage de Die.
 Pource ma sœur, d'un cœur gaillard & pront
L'honneste honte atache sur le front,
Et sans toy laisse errer à l'auenture
Des estrangers la teste si pariure.

O iij

Ainsi disoit dissimulant, afin
De la tromper : mais amour le plus fin
Qui ne se trompe, & qui passoit en elle
De nerfs en nerfs, de mouëlle en mouëlle
La faisoit caute, & son mal nompareil
Qui ne reçoit ny raison ny conseil.

 Atant du iour la lumiere sacrée
Dedans la chambre estoit par tout entrée,
Quand ces deux sœurs, ainçois ces beaux printemps
Sortent du lict : ils demeurent long-temps
A leur peigner atiffer, & à faire
Par le mirouer vng visage pour plaire :
En cent façons ils tordent leurs cheueux
Ondez crespez entrefrizez de nœuds,
Et d'vn long art mille beautez s'attachent :
Puis teste & col d'vn Guimple elles se cachent,
Qui bien plié iusqu'aux pieds leur pendoit.

 Vne blancheur vermeille s'espandoit
Par leur visage : En ce poinct habillées
D'vn pied superbe au temple sont allées
Comme à l'oracle, afin de sçauoir mieux
Priant au ciel, la volonté des Dieux :

 Ou s'ils vouloient d'vne main fauorable
Guarir leur playe autrement incurable,
Où s'ils vouloyent desdaigner sans secours
Leurs passions diuerses en amours,
Et sans espoir entretenir leurs flames.

 De toutes pars vne suite de Dames

Les entournoient : Elles marchoient d'un train,
Ainsi que fait Diane au large sein
A qui la trousse & le bel arc ensemble
Chargent l'espaule : autour d'elle s'assemble
Vn grand monceau de Nymphes, qui en rond
Tournent le Bal : Elle de tout le front,
Haute de col, aparoist sur la troupe
Qui va danssant dessus la belle croupe
Du mont Taigette, ou sur l'esmail d'un pré
Du fleuue Eurote à son frere sacré.

 Or' ces deux sœurs malades & peu sages,
Pres des autels, au deuant des images
Des puissants Dieux, tristes se promenoient :
Ores les yeux fichez elles tenoient
Sur la victime, & courbes & beantes
Prenoient conseil des antrailles tramblantes,
Ou les Geziers decoupez regardoient,
Et l'aduenir aux Deuins demandoient.

 La belle Hyante auoit en sa main blanche
Vn vase plein de vin, qu'elle respanche
Au beau millieu des cornes & du front
De la victime : Et Clymene qui tond
Le poil sacré de la beste, le iette
Dedans le feu : Comme ce poil craquette
Ce disoit elle, & brusle tout en soy,
Ainsi Francus puisse brusler de moy.
Mais pourneant ces deux sœurs abusées
Estoient au temple en leurs vœufs amusées :

Les Dieux malings leurs oreilles fermoient:
Les vents en vain la prieres semoient
De ces deux Sœurs qui n'estoient plus qu'vn songe.
　　Amour les mord les ronge & leurs ronge
Cueur poumons foye, & n'ont autre pouuoir
En leur malheur qu'esperer sans espoir.
　　Tandis Francus que le soucy resueille
S'estoit leué deuant l'Aube vermeille:
　　De la grand' peau d'vn Ours il s'habilla
Vn iauelot en sa dextre esbranla
Au large fer (Vandois d'où vint la race
Des Vandosmois le suiuoit à la trace)
　　Luy se laissant en larmes consommer
S'alla planter sur le bord de la mer:
Iettant ses yeux sur les eaux Tethiennes
Seul regardoit si les barques Troyennes
Venoient à bord: & voyant le Vaisseau
Qui le portoit, à demy dessous l'eau
Presque couuert de falaize & de bourbe:
Les yeux au ciel sur le riuage courbé
Poussant du cœur meints sanglots en auant
Parloit ainsi aux ondes & au vent.
　　Heureux trois fois ceux que la bonne Terre
Loing de la vie en long repos enserre:
Si comme nous ne voyent le soleil,
Ne hument l'air: ils n'ont aussi pareil
A nous le soing, qui pressant nous martyre
D'autant facheux que touiours il desire.

Ce

Ce mechant soing qui compagnon me suit
Me fait chercher la gaule qui me fuit,
Terre estrangere, & qui ne veut m'attendre,
Que du seul nom i'ay prise, sans la prendre.

 Ie suis (ie croy) la maudisson des Cieux
Qui sans demeure erre de lieux en lieux,
De flot en flot, de naufrage en naufrage
Ayant le vent & la mer en partage
Comme un Plongeon, qui en toute saison
A seulement les vagues pour maison,
Des flots salez il prend sa nourriture,
Puis un sablon luy sert de sepulture.
Ainsi la mer me porte sans effait
Et mon voyage est tousiours imparfait.

 Bonté des Dieux, & toy Destin qui meines
A ton plaisir toutes choses humaines
Auray-ie poinct en repos, le moyen
De rebastir un mur Dardanien?

 Voirray-ie point une Troyenne plaine,
Voirray-ie point ceste gauloise Seine
Qui m'est promise en lieu des larges tours
De Simoïs & Xanthe, dont les cours
Arouzoient Troye, & d'une onde poussée
Rompoient le sein de la mer renuersée.

 Donne Apollon maistresse Deité
De ceux qui vont bastir une cité
Vn bon Augure, afin que tu m'ottroyes
Des murs certains apres si longues voyes.

P

Si ie ne puis les gaules conquerir,
Sans plus errer puiſſe-ie icy mourir
D'vn trait de feu veſtu d'vne tempeſte:
　Aux Dieux marins victime ſoit ma teſte
Pour ſacrifice agreable à la mort
D'vn peu de ſable entombé ſur ce bord.
　Il dist ainſi, quand des ondes humides
Sortit le chef des cinquante Phorcydes,
Et tout le Chœur de Glauque & Melicert,
Et Palæmon à l'habillement verd,
*Le vieil Triton à la perruque bleuë
Homme d'enhaut, & poiſſon par la queuë,
Tenant és mains pour ſceptres leurs Tridens,
Pouſſent la nef de Francus au dedans
Du prochain port : la Nauire pouſſée
Ayant la prouë & la poupe froiſſée
Rouloit à peine : ainſi que le ſerpent
Qui ſur le ventre à peine va rampant
Par le chemin, quand d'vn coup de houſſine
Quelcun luy rompt l'entre-deux de l'eſchine.
Plis deſſus plis en cent ondes retors
Siſle, retraine, & retourne ſon corps,
Se lechant ſon venin il remache
Et renouër enſemble ſe retâche :
Mais pour neant : car ſon dos eſt perclus.
Ainſi trainoit le bateau de Francus.
　Hors du troupeau bien loing s'eſt eſcartée
Leucothoé la fille de Protée,

LA FRANCIADE.

A qui Phœbus pour la fauoriser
Donna iadis l'art de prophetiser:
Ses longs cheueux enroient par la marine,
Son chef estoit plus haut que la poitrine
Tiré sur l'eau, quand se iouant ainsi
Francus appelle ayant de luy soucy.

  Enfant royal qui dois donner naissance
A tant de rois : la seule patience
,, Rompt la fortune, & mal ne peut s'offrir
,, Qui ne soit doux quand on le veut souffrir.
  Sois courageux : Toute rude aduenture
,, Par temps se fait douce quand on l'endure :
Pour endurer Hercule se fit Dieu.

  Tu planteras ta muraille au millieu
Des bras de Seine, où la Gaule fertille
Te doit donner vne isle pour ta ville,
Gaule abondante en peuples redoutez,
Peuples guerriers aux armes indontez,
Que telle terre & plantureuse & belle
Riche nourrist d'vne grasse mammelle.

  Or puis qu'Amour te veut fauoriser
Son beau secours tu ne dois mespriser,
Ne t'en va doncq sans courtizer Hyanté
Fille du Roy, qu'Hecate la puissante
A fait prestresse en son temple sacré.
Ce Dieu qui fait toute chose à son gré
Victorieux luy recele au courage
Vn poignant trait tiré de ton visage.

P ij

Par sa magie elle peut atirer
La Lune en bas, le ciel faire virer
A contre-cours, & des fleuues les courses
Encontre-mont rebrousser à leurs sources.

D'vn clair midy elle fait vne nuit,
Dessous ses pieds la terre fait vn bruit
Quand il luy plaist, & sa force commande
A Proserpine, & à toute la bande
De ces espris iadis hostes des mors
Qui plains d'oubly reuont en noueaux corps:

Elle qui est de ton amour gangnée,
Te fera voir ta future lignée,
Et tous les rois qui sortiront de toy,
Forts à la guerre, & prudens à la loy:
Qui d'vn long ordre & de longue puissance
Tiendront vn iour le beau sceptre de France.

Mais cependant que tu pleures en vain
Rongeant ton cueur atristé dans ton sein
Sur cette riue escumeuse & deserte:
Ah! malheureux tu as fait vne perte,
D'vn cher amy qui touiours te suiuoit.

Son esperance en la tienne viuoit
Seur compagnon de ta dure fortune:
Las! il est mort: Iunon par sa rancune
A fait de terre vn sanglier grand & fort
Naistre à son dam pour luy donner la mort.

Au poinct du iour comme il alloit en queste
Il a de front rencontré ceste beste

Au dos rebours, aux yeux fiers & ardens
Qui receloit la foudre entre ses dens:
D'vn coup meurdrier la nauré dedans l'aine
Et froid & mort renuersé sur la plaine.
   Va vistement & le fais enterrer,
Et son esprit ne laisse poinct errer
Dessus le corps long temps sans sepulture,
Qu'il ne te soit vn malheureux augure.
Dessous ta main le monde il eust soubmis
Si le Destin enuieux eust permis
Qu'il eust en gaule ordonné ton armée:
„ *L'homme n'est rien qu'vne vaine fumée!*
   Atant la Nymphe en parlant deuala
Son chef soubs l'eau: L'onde que çà qui là
Flot dessus flot en se ridant grommelle
D'vn long tortis l'engloutit dessous elle:
   Tandis Dicé que le soing tient rauy,
De Francion les pas auoit suiuy:
Deux grands leuriers yssus de bonne race,
(Fidelle guet) le suiuoient à la trace:
En abordant Francus plein de soucy
Luy prist la dextre & le salue ainsi.
   Prince Troyen, dont la vertu premiere
Du pere tien efface la lumiere:
Quand mon païs en deux ie partirois
Et d'vne part honoré ie t'aurois,
Encor beaucoup ie serois redeuable
A ta vertu qui n'a point de semblable.

Qui as tiré mon enfant du danger,
Qui seul as peu du monstre me vanger,
Monstre cruel, qui moquoit la iustice,
Moquoit les Dieux & l'humaine police,
Et m'ahontant de toute indignité
De son harnois estonnoit ma Cité.

　Ie t'offrirois en lieu de ta prouësse
Vn grand amas de pompeuse richesse,
Bagues, lingots, coupes d'or, & vaisseaux,
Mais tu ne veux, ô fleur des iouuenceaux
Ta vertu vendre à si fresle despence,
Le seul honneur te plait pour recompense.

　Le seul honneur en l'antique saison
Assist Hercule & Thesée & Iason
Au rang des Dieux, & ie t'oze promettre
Que ta prouësse encores te doit mettre
Dessus la nuë, auprès de tes Ayeux
Que la vertu enrosle entre les Dieux.

　Pource, estranger, la richesse mesprize,
Ne rouille point ton cœur de conuoitize,
Et comme prince aux armes bien apris
De tes labeurs louange soit le prix.

　Entre les biens les plus grands de ma ville
Mon seul thresor, i'ay vne chere fille,
Qui de beauté ne fait place à venus,
De qui les ans accomplis sont venus
Qu'elle doit estre en fleur d'age menée
Dessous la loy du nopcier Hymenée.

S'elle te plaist, nous ioindrons en sa main
La tienne, afin que des le lendemain
Tu sois espoux d'une si chaste fille,
Et de vous deux s'esleue vne famille
Grande en honneurs, de ceste terre Rois
D'où tes Ayeux sont yssus autrefois :
Car si on croit à nostre vieille Annalle,
Crete, de Teucre est la terre natalle.
Ainsi Dicée en le tentant luy dit
Quand Francion luy contre-respondit.

   Prince Cretois qui à bon droit te vantes
Estre sorty de ces vieux Corybantes
Qui soubs le glaiue & la loy qu'ils tenoient
D'heureuse paix leurs peuples maintenoient :
En peu de mots pour si haute entreprise
Ie respondray : l'auray touiours esprise
D'vn souuenir l'ame qui vit en moy
Pour les bienfaits que i'ay receu de toy,
Qui pauure & nud tourmenté du naufrage
Ne m'as permis seulement ton riuage,
Mais en forceant de fortune le cours
M'as presenté ta fille & ton secours.
   Or si i'auois puissance sur ma vie,
Si du destin elle n'estoit rauie,
Et si i'estois porté de mon plaisir
Ie ne voudrois ton royaume choisir
Pour demeurer, Ains alaigre de ioye
T'irois chercher encor ma vieille Troye,

Et me plairoit entre les vieux tombeaux
De mes ayeux, bastir des murs nouueaux
Et d'habiter la cendre de mes peres:
Mais les destins soient mauuais ou prosperes
Contre mon gré me traisnent, & me font
Enfoncer l'œil & abaisser le front:
Ie soufre tout ne pouuant autre chose
Contre le ciel qui des hommes dispose.

 Ce fier destin la gaule me promet,
Qui seulement marier me permet
En Alemagne & non en autre place:
Du sang Troyen meslé parmy la race,
Du sang Germain, des Rois doiuent sortir
Qu'on me promet le monde assuietir,
Ayant borné par le gleue leur gloire
Du rond du ciel, la mer de leur victoire.

 Donne sans plus à ce prince troyen
Des charpentiers du bois & le moyen
De rebastir vne flote nouuelle,
Pour retanter la fortune cruelle,
Et le malheur par qui tout est donté,
Qui maugré moy force ma volonté.

 Il dist ainsi : Dicée qui prend garde
A son maintien tout estonné regarde
D'yeux & d'esprit ce Troyen qui parloit,
Et pour son gendre en son cueur le vouloit.

 En cependant son ieune fils Orée
Pour celebrer la victoire honorée

Et

Et pour aux Dieux s'aquiter de ses vœufs,
Dedans un parc auoit choisi cent beufs,
Au large front, agreables offrandes,
Blancs, grands, & forts, victimes les plus grandes:
Et pres la ville en un boccage saint
Manoir des Dieux religieux & craint,
Les amena (on dit qu'en ceste place
Minos parloit à Iupin face à face,
Quand il prenoit les loix de ce grand Dieu)
Il mit de rang les cent beufs au millieu
Du vert boccage, & de gazons il dresse
Vn saint autel à Victoire deesse.

 De tous costez errant en diuers lieux,
Il amusoit son esprit & ses yeux
A regarder s'il verroit d'auenture
Quelque grand arbre efueillé de verdure.

 Non gueres loing sur le Tertre prochain
Vit un vieil chesne espaix au large sein
Aux larges bras, qui ses branches fueillues
D'un chef superbe enuoyoit iusqu'aux nues.

 De ses rameaux tout le chesne esbrancha,
Puis sur la cyme en trophée attacha
Du mort Géan les armes despouillées,
Cuissots sanglants, Greues de sang moüillées,
Maille, Plastron, Gantelets & Brassars,
Le iauelot le poignard & les dars
La large espée, & l'effroyable creste
Du morrion, gardien de la teste.

Q

Deuant l'autel les bœufs il assomma,
Le sang qui sort à gros bouillons fuma
Soubs le couteau meurtrier de la poitrine:
L'vn la peau cruë arrache de l'eschine,
L'vn les estrippe & l'autre peu à peu
Pour les rôtir allumoit vn grand feu:
Dedans le ciel en voloit la fumée.
　Quand par le feu l'humeur fut consomée:
D'ordre en son rang vn chacun s'aprocha,
Et pour manger sur l'herbe se coucha:
Le vin se verse, & l'escumeuse coupe
De main en main erre parmy la troupe,
Que de bon cœur s'inuitant receuoient,
Et la moustache en la tasse lauoient.
　De la Cité les dames bien coifées,
Aux doux regards, aux gorges atifées
De beaux ioyaux, au riche corps vestu
D'vn or broché en la soye batu,
Menoient le bal: Terpin qui les deuance,
Tout le premier acordoit la cadence,
Chantant cét Hymne, & mariant sa voix
Au luht poussé du trambler de ses doigts.
　Royne du monde inuincible victoire,
Dont les habits sont pourfillez de gloire,
D'honeur de pompe, & dont le front guerrier
Est honoré de palme & de laurier:
　Royne qui sœur de Fortune te nommes,
Qui touiours pends douteuse sur les hommes,

Et le conseil casses du bataillant,
Qui seule fais d'vn couhard vn vaillant,
Et d'vn vaillant vn couhard, quand ta face
Cache en noz cueurs ou le chaut ou la glace :

    Tu es douteuse incertaine & sans foy,
Tu fais, defais, comme il te plaist, vn Roy,
Puis le refais, & les Citez tenuës
Sous Tyrannie esleues dans les Nuës.

    Tantost l'espoir tantost la peur te suit :
Tout l'vniuers se comble de ton bruit
Quand le Renom aux aisles emplumées
Seme par tout l'effroy de tes armées.

    Aucunefois tu flates les humains,
Aucunefois tu coules de leurs mains
Vn songe vain faute de te poursuiure,
Et le veincu veinqueur tu laisses viure :
Et le veinqueur qui te pense souuent
Tenir chez luy ne tien rien que du vent.

    Pour compaignon tu meines l'arrogance,
Et ne scay qu'elle impudante esperance
Qui pour gaigner aucunefois le bien
De ton voisin te fait perdre le tien.

    Le sang, la mort, la cholere, acharnée,
Et des soldars la licence esfrenée
Et le mespris des grands Dieux immortels
Suiuent tes pas : & toutefois tu-és
Mere des Roys, des Sceptres, & des villes,
Tu fais germer les campagnes fertilles,

Q ij

Et foisonner les coutaux de raisins,
Honneur des tiens crainte de tes voisins.

   Deuant ton Char que la crainte enuironne
Marche Enyon & la fiere Bellonne,
Et la Ieunesse au sang bouillant & chaut,
Et le Peril à qui la raison faut.

   Sans ton secours Mars ne pourroit rien faire,
Des fiers Titans tu fus seule aduersaire,
Lors que ta mere un harpois te donna :
Pource Iupin d'honeur la couronna,
Et ne voulut par promesse asurée
Que desormais son eau fust pariurée :

   Escoute moy vieille race des Dieux :
Du bon Francus les faits laborieux
Atache au ciel en lettres inmortelles :

   En sa faueur romp le vol de tes esles,
Et sans partir, sois en toute saison,
De ce Troyen hostesse en la maison.
Il dit ainsi : La gaillarde assemblée
A iusqu'au ciel la chanson redoublée.

   C'estoit aux Mois que le bel an tourné
Auoit par tout le printemps ramené
Son ieune enfant : quand la terre tresbelle
Comme un serpent sa robe renouuelle,
Et quand Amour pousse de toutes pars
L'arc en la main, ses flames & ses dars :
Quand les forests les plaines & les fleuues
Tertres & bois vestus de robes neuues

Enorguillis de cent mille couleurs
Pompent leur sein d'un riche émail de fleurs:
   Mais quoy que l'an & le printemps ensemble
Fussent tresbeaux, leur ieunesse ne semble
(Bien que fleurie en mille nouueautez,)
Ny au maintien aux graces ny beautez
Du iouuenceau Francion, ny à celles
Qui donnoient lustre aux royalles pucelles.
Comme trois lis à l'enuy florissoient,
En leurs regards les traits d'amour croissoient,
Et sur leur front au vif estoient descrites
Venus, Pithon, & toutes les Charites.
   Ce Francion auoit vn beau menton
Crespu de soye, & pareil au coton
Prime & douillet, dont le fruitier Autonne
La peau des coings blondement enuironne:
Sa taille estoit d'vn prince genereux,
Grande, heroique, & pareille à ces preux
Iason, Thezée, & à ceux qui semée
Ont en tous lieux leur viue renommée:
Sa large espaule, & sa greue, & sa main,
Et le relief honneste de son sein
Estoient si beaux, si bien faits de nature,
Qu'on ne pourroit les tracer en peinture.
   De ces deux sœurs, par vn art nompareil
Les beaux cheueux surmontoient le Soleil
Enlassez d'or: semblable estoit leur ioue
Au teint vermeil de la roze qui noue

                              Q iij

Dessus du laict, & sortoit de leurs ris
Ie ne sçay quel enchanteur des esprits.

De ronds tetins messagers de ieunesse
S'enfloit leur sein: vne gaillarde presse
D'amours, d'atrais, de graces, & de ieux,
Vne embuscade auoient en leurs cheueux:
Le doux parler en leurs bouches habite,
Et l'homme auroit le courage d'vn Scythe
Et seroit né des Tygres & des Ours
Si les voyant ne s'alumoit d'amours.

A tant Vesper de flames habillée
S'estoit au ciel la premiere esueillée,
Menant le bal des Astres radieux
Qui çà qui là sautent parmy les cieux.

Finis les vœufs qu'on rendoit à victoire,
Voicy Venus à la paupiere noire
Mere d'amour, qui vint sur la mi-nuit
De ces deux sœurs enuironner le lict.
Elle se change en la vieille prestresse
Qui sous Hyante auoit de la Deesse
Autels & temple en venerable soing,
Qui touiours pronte entendoit de bien loing
L'abboy des chiens annonceant sa venuë:
Ou quand d'enfer, ou quand d'outre la Nuë
Elle à trois fronts effroyable arriuoit,
Fiere en son temple où la nuit la suiuoit.

En se couchant sur le cheuet d'Hyante
Luy dist ainsi: D'vn chesne d'Erymante

LA FRANCIADE. 127

Ou d'un rocher le rempart de la mer,
Oze-tu bien ta poitrine enfermer?
As-tu sucé des louues la mammelle?
As-tu le cœur d'une tygre cruelle,
Qui n'as le cœur passible d'amitié?
Qui du Troyen n'as ny soing ny pitié
Qui meurt pour toy? qui a laissé sa terre,
Non comme il dit pour les gaules conquerre,
Mais tout ravy du bruit de ta beauté,
A de la mer veincu la cruauté
Pour voir ta face, & s'il estoit possible
Se ioindre à toy d'un lien inuincible.
Et toutefois fiere de son ennuy
Tu vois sa playe & te moques de luy.
 Disant ainsi, de sa belle Ceinture
Du lict d'Hyante encerna la closture:
Ceste Ceinture estrangement pouuoit,
Que la Nature en se iouant auoit
De sa main propre à filets d'or tissuë,
Et d'elle en don Venus l'auoit receuë
Quand le boiteux Lemnien tant oza
Que pour sa femme au ciel il l'espouza,
Dont est sorty tout l'estre de ce monde,
Tout ce qui nouë au plus profond de l'onde:
Ceux qui d'une æsle en l'air se font un train:
Tout ce qui paist la terre au large sein,
Tout animal cazanier & sauuage,
Est enfanté de ce grand mariage.

En la tissure estoient portraits au vif
Deux Cupidons: l'un auoit un arc d'If
Au trait moussu, qui tire aux fantasies
Craintes soupçons rancueurs & ialousies,
L'autre de palme auoit l'arc decoré,
Son trait estoit à la pointe doré,
Poignant glissant, donc il s'cache dans l'ame
Et verse au sang une gentille flame
Qui nous chatouille, & nous fait desirer
Que nostre genre entier puisse durer.

   Là fut Ieunesse en longs cheueux portraite,
Forte puissante au gros cœur la retraite
Des chauds desirs : Ieunesse qui touiours
Pour compagnie améne les amours.

   Comme un enfant pendoit à sa mammelle
Le Ieu trompeur, la Fraude, & la Cautelle,
Les Ris, les Pleurs, les Guerres & la Paix,
Treues, discords, & accords imparfaits,
Et le Deuil qui deçoit noz courages,
Voire l'esprit des hommes les plus sages.

   Quand la Ceinture eut versé sa vertu
Dessus le lict: le feu qui n'auoit eu
Puissance entiere au cœur des damoiselles
Se renforcea de larges étincelles,
De nerfs en nerfs d'os en os prist vigueur,
Puis tout soudain se fit roy de leur cœur.

   Comme le feu caché sous les fougeres,
Qu'aux mois d'hyuer les peureuses bergeres,

D'vn

LA FRANCIADE.

D'vn deuanteau vont & reuont souflant
Fueille sur fueille, & largement enflant
Poumons & gorge, à toute peine euantent :
 D'vn petit traq mille flames s'augmentent
En longue pointe : à la fin vn grand feu
En se suiuant s'alonge peu à peu,
Brule les champs, & d'vne torte voye
Iusques au ciel vne fumée enuoye,
Trouble d'esclairs : le feu victorieux
Regne au sommet des chesnes les plus vieux.
 Ainsi d'Amour les flames allumées
De peu à peu dedans l'esprit semées
De ces deux sœurs par vn traq deuoyé,
Vn grand brazier au cueur ont enuoyé.
 Incontinent que la belle iournée
Chassant la nuit au ciel fut retournée,
Le bon Troyen larmoyant sans confort
Fit aprester les obseques du mort
Qui d'vn sanglier auoit l'haine tranchée,
Et que la Nymphe au creux de l'eau cachée
Auoit enioinct prontement enterrer,
Et son esprit ne laisser point errer
Dessus le corps priué de sepulture,
Qu'il ne seruist d'vn malheureux augure.
 L'humain esprit qui le corps a laissé
N'est plus heureux si Styx il n'a passé :
L'honeur du corps dont la vie est cassée
Est le sepulchre & la terre amassée,

R

Sur le tombeau qui finist les douleurs,
Et des amis les regrets & les pleurs.

 Premierement on explane vne place
Large en quarré, de deux cens pas d'espace
Où au millieu on assemble vn Bucher,
Puis sur la cyme vn lit pour le coucher.

 Par les forests d'vne penible traite
Va haut & bas meinte large charrete,
Qui gemissant sous le faix, aportoit
Le bois coupé que le fer abatoit :
Auecq les coings le chesne bon à fendre
Trebuche icy : On laisse là descendre
Auecq grand bruit de la cyme des monts
Ormeaux toffus, Trambles aux lages fronts.
Contre le Til la mordante congnée
Coup dessus coup resonne embesongnée :
Et plat à terre on laisse deualer
Les gras Foteaux facilles à bruler.
Le Sapin tombe & le Pin plus vtille
Pour voir la mer : Puis on dresse vne Pile
Bois dessus bois nourrissons des forests.

 Tous les cotez sont parez de Cyprés,
Le bas de pin, & de chesne le feste :
Dedans le ciel le Bucher à la teste !
D'vne autre part ses plus loyaux amis
Sur les charbons des chaudrons auoient mis :
La flame esparse autour du ventre large
Fait bouillir l'eau : les vns prenent la charge

D'oindre & lauer le corps froid, triste dueil.
Autres apres le couchent au cercueil,
Et soupirant ils arrouzoient leurs armes,
Le corps, la biere & la terre de larmes.
　　Le bon Francus pleurant & sanglotant
De son amy la teste alloit portant,
Melancholique & triste de pensées :
Les vns portoient des torches renuersées,
Autres chantoient les faits du demi Dieu.
　　Mais aussi tost qu'ils arriuent au lieu
Où il failloit que la flame soudaine
Le deuorast : vne tristesse humaine,
Vn long soupir entre-baigné de pleurs,
Vn triste cry presage des malheurs
Venant d'vne ame en longs soupirs attainte
Dedans le ciel enuoya sa complainte.
　　Dessus couché au plus haut du sommet
De ceste Pile en larmoyant on met
Le corps tout froid, office pitoyable.
　　Tout ce qu'il eut en sa vie agreable
Y fut ietté, autant qu'en permetoit
Le bien troyen que l'exil agitoit.
　　Francus qui tient vne torche fumeuse
Boute le feu : La flammieche gommeuse
D'vn pié tortu rampant à petit saut
En se suiuant s'enuole iusqu'au haut :
Le bois craquete, & la Pile alumée
Tomba soubs elle en cendres consommée.

R ij

Le vent souflant du soir iusqu'au matin.
  Incontinent le vieil Prestre Mystin
Qui du corps mort soingneux auoit la garde,
Laue la braize & la cendre boiuarde,
Choisit les os & les mist dans le sein
(Sacré tombeau) d'vn vaze fait d'airain:
Puis arrouza par grand ceremonie
D'vne sainte eau trois fois la compagnie:
Les derniers mots de l'obseque acheua,
Atant se teut, & le peuple s'en va.
  Francus qui veut soubs les ombres descendre
Tond ses cheueux & les mist sur la cendre:
  Cher compagnon pren de moy ce present
Tesmoin du dueil que mon courage sent
Pour le regret d'vne si chere perte:
Disant ainsi, la Cruche il a couuerte
De ses cheueux qu'il auoit autrefois
Promis en vœux au grand fleuue gaulois.
  Nous n'irons plus comme nous soulions faire
Tous deux seulets en vn lieu solitaire
Loing de la troupe ensemble deuiser,
D'vn dur sommeil il te faut reposer:
La Mort te tient de silence suiuie,
Et maugré moy ie traine ceste vie,
Qui m'estoit douce alors que ie pouuoir
Voir ton visage, & entendre sa vois,
Soulagement de ma fortune extresme,
Cher compagnon, ainçois second moy mesme,

LA FRANCIADE.

Ie te suply ne te faches de quoy
Plus grands presens tu n'as receu de moy
Qui suis bany sans foyer & sans terre,
Qui pour partage ay la mer & la guerre.
 Mais si le ciel qui predit mon bonheur
Me fait vn iour de ce peuple seigneur
Que Seine embrasse en son giron fertille,
Ie batiray de ton nom vne ville,
Et couuriray d'vn Tombeau solennel
Tes os couchez en repos eternel.
 A tant se teut : Les larmes respanduës
Dessus la face en roulant descenduës,
L'vne sur l'autre à goutes se hastoient,
Et les soupirs l'estomac luy batoient
Blasmant la mort d'vne plainte profonde,
Qui rien de bon ne laisse viure au monde.
 Ce triste office à l'enuy regardoient
Les ieunes Sœurs, qui leurs beaux yeux dardoient
Sur le Troyen, dont les larmes ietées
Auoient beaucoup les graces augmentées:
 En le voyant ensemble bon & fort
Plus que deuant Amour gangna le fort
De leur raison, d'vne fleche laschée
Dessous le cueur profondement cachée:
Mais plus Clymene au foye elle touchoit
D'autant que plus sa flame elle cachoit.
 De toute chose elle pert la memoire,
Se pert soymesme : vne tristesse noire

R iij

Bien loing du corps desroba son esprit
Qui de pensers seulement se nourrit.

 D'un feu segret fait escouler ses peines
Aux nerfs, aux os, aux muscles, & aux veines,
Et dans le foye, où la playe se fait
Grande en douleur, quand amour de son trait
Blesse quelcun : & bref depuis la plante
Iusqu'à la nucque, vn soucy la tourmente,
Point, frape, bat : Elle qui sent parmy
Ses propres os loger son ennemy,
Pense & repense & discourt en sa teste :
Son penser vole & iamais ne s'arreste
Deçà delà virant & tournoyant
Comme l'esclair du soleil flamboyant
Sortant de l'eau nagueres respandue
Dans vn chaudron à la panse estandue :
 Ce pront esclair, ores bas ores haut
Par la maison sautelle de meint saut
Et bond sur bond aux soliueaux ondoye
Pirouetant d'vne incertaine voye,
Et fait courir ses longs rayons espars
De place en place errant de toutes pars.

 Ainsi discourt sans arrest de pensée,
De trop d'amour la Pucelle offensée :
Sur vn penser vn autre redoubla,
Mais cetuy-cy le meilleur luy sembla :
Ce fut de prendre vne chambre segrete
Et loing à part pleurer toute seulete,

LA FRANCIADE.

Dessus un coffre, à bouche se coucha,
Puis quand soubs l'eau le soleil se cacha
Se iette au lict, où le sommeil qui presse,
Fit pour un temps à son mal prendre cesse,
Mais pourneant, Car le somne trompeur
Entre-meslant l'esperance en la peur
Vint l'effroyer, comme il a de coutume
D'effroyer ceux de qui la playe fume
Dessous le cueur, quand un extreme ennuy
Commande au corps & regne tout en luy.
 Elle songeoit pleine d'amour extresme,
Entre-dormant, que Francus de soymesme
Estoit venu en Crete pour ozer
Prier son pere afin de l'espouzer,
Et que la dextre en la dextre ayant mise
De l'estranger, la luy auoit promise:
Que par courroux desdit il s'en estoit,
Que le Troyen pour elle combatoit
A toute force, & que tout bouillant d'ire
Il l'atrainoit en sa creuse nauire
Bien loing de Crete en la profonde mer,
Et que son pere ardent faisoit armer
Mille vaisseaux afin de la poursuiure,
Et le larron ne laisser ainsi viure:
Que le riuage estoit remply de feux,
Torches, brandons, & de peuples esmeux
Faisant grand bruit, & ce bruit la resueille.
Or comme Amour traitrement la conseille,

Deuant le iour hors du lit se leua,
Et de sa chambre à tatons elle va
Touchant les murs d'vne main incertaine,
Et r'amassa son esprit à grand peine
Que le sommeil du corps luy destacha :
Puis de rechef au lit se recoucha
D'amour de peur & de rage frapée,
Où de rechef le songe l'a trompée.

 Touiours au cueur Francus luy reuenoit
Et le maintien qu'en parlant il tenoit,
Quel geste il eut quel port & quelle face,
Et quelle fut la douceur de sa grace,
Quelle sa robe, & quel fut son parler,
Ses doux regards sa taille & son aller :
Son menton crespe & sa perruque blonde :
Elle pensoit qu'il ny eust prince au monde
Pareil à luy : touiours sa douce voix,
Ses doux propos, & ses deuis courtois
Comme pasmée & pleine de merueille,
Coup dessus coup luy refrapoient l'oreille.

 Aucunefois elle songeoit errer
Par les desers, & seule s'égarer
Entre rochers, riuieres, & bocages
Sans compagnie entre bestes sauuages,
Et que Francus amoureux estranger
Le fer au poing la sauuoit du danger.

 Aucunefois apres l'auoir vangée
L'offroit luy mesme afin d'estre mangée,

Puis

LA FRANCIADE.

Puis hors des dents des lions la sauuoit,
Et son secours luy nuisoit & seruoit:
Tout en sursaut elle s'est resueillée
Nuds pieds, sans robe, afreuse, escheuelée,
Et s'acoudant dessus le coin d'vn banc
Mille souspirs repoussa de son flanc:

  Pauurete moy ! en quel effroy m'ont mise
Ces songes las! qui toute nuit m'ont prise,
I'en tremble toute & le cueur m'en debat,
Crainte & Amour me font vn grand combat.

  Certes ie suis toute autre deuenuë
Que ie n'estois: ie crain que la venuë
De ce Troyen ne m'aporte malheur
Comme en songeant il m'aporte douleur:
Toûiours i'ay pensé ! heureuse & plus qu'heureuse
Si forcenant ie n'estois amoureuse,
Et si iamais pour euiter la mort,
Le fils d'Hector n'eust touché nostre bord.

  Comme au Printemps on voit vne Ienisse
Qui n'a le col courbé soubs le seruice
Du premier ioug courir parmy les champs
A qui le Tan aux aiguillons tranchans
Pique le flanc & la pousse en furie.

  Ny les ruisseaux hostes de la prairie,
Herbes ny fleurs, ny oposé rocher
Ne la scauroient engarder de moucher
De toutes part vagabonde & courante:
Ainsi Clymene en son esprit errante

S

Court & recourt,& n'est iamais osté
Le poingnant trait qui naure son costé.
 Que doibs-ie faire, ou iray-ie?dit elle,
Pour me garir personne ne m'apelle!
Ie meurs sans ayde,& si ie ne veux pas
Que sœur ny frere entende mon trespas:
Faut-il qu'en pleurs ie distille ma vie?
Que de ma sœur ainsi ie me deffie
Qui seule estoit mon conseil autrefois
Qui m'aimoit toute & que toute i'aimois?
Helas il faut que mon mal ie luy conte!
Et quoy Clymene auras-tu point de honte
De confesser qu'Amour soit ton veinqueur
Que tu voulois luy arracher du cœur
Quand l'autre iour par vn grand artifice
Tu luy prouuois qu'aymer estoit vn vice?
Non,cest tout vn, des parens la pitié
Va surmontant amour de la moitié,
Et si elle est de Francus amoureuse
Me fera lieu me voyant langoureuse.
 Pauure abuzée! hé ne scais-tu pas bien
Que les parens desrobent notre bien?
Et que pour eux entier ils le desirent
Ioyeux au cueur quand les autres soupirent?
Ce n'est qu'vn sang que ma sœur & que moy,
Elle prendra pitié de mon esmoy!
 Foy ny pitié ne regnent plus en terre,
Et le parent au parent fait la guerre!

LA FRANCIADE.

Las! que feray-ie! il vaut mieux la tanter:
Le secours vient en voyant lamenter:
Il ny a Louue aux forests tant soit fiere
Qui ne soit douce aux pleurs d'vne priere:
Helas on dit en prouerbe souuent,
Priere & pleurs se perdent comme vent,
Ouy, si lon prie vne ame inexorable,
Mais ma sœur est & douce & pitoyable:
Au pis aller ie ne sçaurois sentir
En l'essayant que honte & repentir.
 En la façon quelle estoit habillée
Nuds pieds, sans robe, afreuse, escheuelée,
Delibera contre le mal d'amours
De voir sa sœur & demander secours.
Elle courut comme son pié la porte,
Mais aussy tost quelle fut à la porte,
Se recula, comme le Pelerin
Qui de fortune à trouué par chemin
Vn long serpent tymbré d'vne grand creste
Qui le menasse, & s'enfle de la teste,
Et fait mourir les herbes du toucher:
Il se recule & n'en oze aprocher.
Ainsi tourna la Pucelle en arriere:
De sur la langue elle auoit la priere,
La larme à l'œil, le soucy sur le front,
Dedans l'esprit vn pensement profond
Et meint sanglot se creuoit en sa bouche,
Quand trop d'amour qui la touche & retouche,

S ij

Qui compaignon ses pas alloit suiuant
Fit auancer ses iambes en auant
Et de rechef la honte les recule,
L'honeur la gele & le desir la brule.
 Trois fois amour la voulut faire entrer,
Honte trois fois ses pieds vint rencontrer,
Trois fois reuint & trois fois s'en retourne:
Son pied douteux qui maintenant seiourne
Maintenant va comme amour le seduit
Porté d'ardeur de rechef la conduit,
Et la vergongne encores la repousse.
 Ce Dieu qui bat d'vne forte secousse
Son cueur branlé, si bien la deborda
Que dans la chambre à la fin la guida
En gemissant : Comme vne fiancée
Qui des long temps à lié sa pensée
Au iouuenceau, qui deuoit l'espouzer
Que la mort fait en terre repozer:
Elle de dueil & d'amour enflamée
Lamente seule en sa chambre enfermée
Segretement, de peur que ses regrets
Ne soient ouis des voisins indiscrets
Qui de broquards piqueroient la pauureté,
 Elle en esprit son fiencé regrete
D'vn pleur muet à bouche close, ainssy
Pleuroit Clymene & cachoit son soucy.
 Pour raconter sa douleur qui n'a treue
Ores au bout de sa langue s'esleue

LA FRANCIADE.

La voix poussée, & aux leures luy pend,
Ores tombée aux pommons redescend
Sans nul effect: car le son qui ne touche
Qu'vn peu les dents ne desserroit sa bouche:
Ainsi qu'on voit les fantosmes de nuit
Parler à nous & ne faire aucun bruit.

 Or comme Amour en fureur l'importune,
Sans declarer à sa sœur sa fortune
Seule en sa chambre en haste s'en reua,
Où de longs pleurs sa poitrine laua.
A ses soupirs la bride elle destache,
Rompt ses habits, ses cheueux elle arrache
Egratignée, & d'un esprit transsy
Pensoit douteuse & repensoit cecy.

 Que doibs-ie faire ? helas en quelle peine
Me tient Amour ! ha chetiue Clymene,
Tu vis sans vie, & folle tu n'as soing
(Cruelle à toy) de toymesme au besoing.

 Las puis qu'Amour ta part ne fauorize
Par la fureur conduis ton entreprize:
,, Quand la fortune en se iouant nous pert
,, Pour la raison souuent la fureur sert.

 Doibs-ie prier vn homme qui peut estre
Ne sçait mon mal ? si ie le fay parestre
Il trahiroit mon amour sans guerdon.
Il est yssu du Roy laömedon
Sans foy, pariure, & qui prendroit à gloire
D'auoir, trompeur, d'vne femme victoire.

       S iij

Dois-ie me plaindre & ma sœur retenter?
Cela feroit son ardeur augmenter:
Car ie sçay bien (Amour m'a fait sçauante)
Que Francion est amoureux d'Hyante,
Et que ma sœur ce Troyen ayme mieux
Que ses poumons son foye ny ses yeux,
Ie n'en sçay rien, seulement ie m'en doute:
,, L'amant douteux toute parolle escoute.

Dois-ie par fraude & par dol controuuer
Qu'au fond du cueur ma sœur laisse couuer
Vn feu peu chaste, & le dire à mon frere?
En le disant il me seroit contraire:
Pour vn soupson ne voudroit vn discord
Contre celuy qui l'a sauué de mort.

Ie souffre trop sans donner connoissance
De mon trauail: La seule patience
,, Est le remede : vn feu souuentefois
,, Meurt de son gré quand il n'a plus de bois:
Pensers & pleurs aprestent la matiere
A mon brazier : Il faut que toute entiere
En liberté ie me redonne à moy:
Vn amoureux sur luy n'a point de loy!
Plus fil à fil ses liens il desserre
Et plus Amour à la chesne l'enferre.

A tous venans dirai-ie mon malheur?
Dire son mal allege la douleur.
Non : ny mon sang, mon honneur, ny ma race
Ne veulent point que fable ie me face,

LA FRANCIADE. 143

Et que chacun d'vn cueur dissimulant
Flate mon mal, & puis en s'en allant
Me deshonore, & tanssant sa famille
Par mon malheur face sage sa fille.
   Doncq que feray-ie? iray-ie en autre part
Comme banye? Amour qui tient le dard
Dedans mon cœur en si profonde playe
Ne permet poinct qu'autre pays i'essaye:
Puis pour passer meint fleuue & meint rocher
Ie ne sçaurois de mon flanc arracher
Ce trait qui met la tristesse en mes veines,
Mon cueur en feu, & mes yeux en fonteines:
Pour le meilleur, Clymene, il faut mourir
Et par la mort ton amour secourir.
   Comme en son cueur elle pensoit la sorte
De se tuer, ou d'vne sangle forte
Pendre son col au bout d'vn soliueau,
Ou se ietter à chef baissé sous l'eau,
Et s'estoufer au plus profond des ondes,
Ou s'en aller par les forests profondes,
Par les desers de rochers enfermez
Seruir de proye aux lions affamez:
Vne poison luy sembla la meilleure
Pour destacher son ame tout à l'heure
Loing de son corps, & du corps le soucy.
   D'vn pesant pas & d'vn pesant sourcy
Cruellement de passion outrée
Elle est pleurante au cabinet entrée

Ou tout le bien que plus cher elle auoit,
D'vn soing de femme en garde reseruoit:
Sur ses genoux elle mist vne Quesse
Puis mist la clef en la serrure espesse,
La clef tourna, la serrure s'ouurit.

 Là, choisissant entre mille, elle prit
Vne poison, qu'on dit que Promethée
A de son sang autrefois enfantée,
Quand le vautour tout herissé de fain
A coups de bec luy dechiroit le sein:

 Le sang coula dessus la terre mere:
Le soleil chaut qui toute choze esclaire,
Luy donna force, accroissance, & vigueur:
Elle à de tige vn coude de longueur,
Rouge la fleur, la fueille vn peu noirastre,
Que la Sorciere & la fausse Marastre
Scauent cueillir de leurs ongles tranchans
Dizant dessus des mots qui sont mechans,
Voire & qui font quand la Lune decline
Hors des enfers retourner Proserpine.

 Quand elle vit telle forte poison,
Elle entra toute en longue pamoison,
Rouant les yeux, & horriblant la face,
Et de ses pieds trepigna sur la place:
Vn spasme auoit tous ses nerfs eslandus,
Elle cria: ses cris sont entendus
De sa nourrice à qui des son enfance
Elle portoit honeur & reuerence.

Or

LA FRANCIADE. 145

Or de fortune elle estoit pres de l'huis,
Clymene auoit raconté ses ennuis
Vn iour deuant à la vieille chenuë,
Qui se doutant d'vne mesauenuë
Touiours en peur de sa fille viuoit
Et pas à pas soingneuse la suiuoit.

D'vn coup de pié la porte elle a poussée,
Puis en voyant la Pucelle pressée
Des traits de mort, d'vn parler redouté
Son desespoir en mieux a rebouté
Disant ainsi : ô pucelle bien née
En quel malheur tourne ta destinée
Par ton conseil ? le Destin ne peut rien
,, Sur l'homme auteur de son mal & son bien.
,, Nous sommes seuls maistres de noz fortunes,
,, Comme il nous plaist el' sont blanches ou brunes,
,, Et le grand Dieu bon pere des humains
,, Le franc arbitre a mis entre noz mains,
,, Sans nous lier aux estoilles celestes,
,, Dont les vertus ne nous sont manifestes,
,, Ny au destin qui ne peut nous borner:
,, Bien que le ciel il face retourner,
,, Et les saisons en leur temps il rameine,
,, Il ne peut rien sur la prudence humaine
,, Sinon d'autant qu'elle luy donne lieu:
,, Nostre vouloir en nous est nostre Dieu.
Ie ne dy pas que le sort n'ait puissance
Sur tout cela qui prend icy naissance,

T.

Mais on le peut corriger par conseil,
Et à la playe apozer l'apareil.
Chacun y sert à soymesme de guide.

 Amour resemble au scorpion homicide
Qui blesse l'homme, à la playe qu'il faict
Luy mesmes est le remede parfait :

 Doncq ne crain point ton malheur faire entendre
A ce Troyen, qui ton cueur met en cendre,
Il est trop beau pour n'estre point espris,
Il est nepueu de l'amoureux Pâris
Iuge courtois, qui vuidant la querelle,
Donna la pomme à Venus la plus belle :
Tous ses ayeux grands princes genereux,
Furent iadis des beautés amoureux,
Troé, Dardan, l'eschanson Ganymede.

 Contre l'amour on trouue assez remede
Quand la raison se veut euertuer,
Et non ainsi laschement se tuer.
Bagues, ioyaux & maisons bien ouurées
Auecq argent sont touiours recouurées
Quand on les perd : rien n'est icy perdu
Qui ne puisse estre à son maistre rendu :
 „ Mais par argent ne s'achepte la vie
 „ Quand une fois du corps elle est rauie,
 „ C'est un thresor qui n'a point de pareil.
 „ Garde donc bien les rayons du soleil.

LA FRANCIADE.

„ Si tu pensois quand la tombe nous serre
„ Qu'on cultiuast les vignes souz la terre,
„ Qu'on labourast les champs, que les saisons
„ De leurs presens remplissent les maisons,
„ Tu es trompée : vne nuit-eternelle
Regne par tout & tout enferme en elle.

Le Ieu, l'Amour ne viuent plus là bas,
Ce n'est qu'horreur, que tombeaux, que trespas,
Faute de iour, frayeurs silences sombres,
Et vains Esprits qui ne volent qu'en ombres :
Tu es Clymene encore en ton printemps,
Tu n'as d'amour senty les passetemps
Ny les plaisirs du chaste mariage :
Garde toy donc pour vn meilleur vsage.
Tente Francus & fay luy par escrit
Sçauoir le mal qui ronge ton Esprit.

De tels propos sa fille elle admoneste :
Pronte au conseil la pucelle fut preste,
Trois fois la plume elle prist en ses dois
Et de la main luy tomba par trois fois :
Mais à la fin son mal tellement ose
Qu'en la forceant ceste lettre composé.
Ainsi voulut le dessus ordonner.

Salut à toy qui me le peux donner.
L'aueugle Archer m'a tellement blessée
De ton amour le cueur & la pensée.

T ij

Que ie mourray si guarir tu ne veux
D'vn pront secours le mal dont ie me deulx.

   Amour m'a fait en ce papier t'escrire
Ce que l'honneur me defendoit de dire,
Et i'ay ma bouche ouuerte mille fois,
Mais la vergongne à retenu ma voix.
A cét escrit vueilles doncques permettre
Ta blanche main: l'ennemy list la lettre
De l'ennemy, la mienne vient d'aymer
Qui de pitié te deuroit enflamer.
Si tu t'enquiers en quoy le temps ie passe,
Songer resuer repenser en ta grace,
Et me perdant t'engager mon desir,
Est seulement le tout de mon plaisir.

   Soit que le iour de l'orient retourne,
Soit qu'a midy dessus nous il seiourne,
Soit que la mer le reçoiue à coucher
Ie pense en toy: Et si n'ay rien plus cher
Que de me paistre en ta vaine figure.
Ainsi pour toy cent passions i'endure
Et sans pouuoir ny veiller ny dormir
Seule en mon lict ie ne fais que gemir.

   Que ne me fit Diane la pucelle
Mourir le iour d'une flèche cruelle
Que ie te vy: le temps n'est ia depuis
N'est qu'une mort viue de mes ennuis.
Comment viuroy-ie? ah! mon ame affolée
Laissant mon corps en la tienne est volée:

LA FRANCIADE.

Ie suis perdue & ne me puis trouuer:
Iay beau les sorts des sorciers esprouuer,
Rien ne me sert ny herbe ny racine,
Tu es mon mal, tu es ma medecine,
Tu es mon tout, & de toy seul ie pends,
Ie meurs pour toy & si ne m'en repens.
 Aye pitié d'vne fille amoureuse:
Des voluptez c'est la plus doucereuse
Que de cueillir vne premiere fleur,
Non vn bouton qui n'a plus de couleur.
 Tu me diras que ie suis indiscrete
Comme nourrie en ceste Isle de Crete
Où Iupiter de tant d'amours espris
Le premier laict de sa nourrice a pris,
Et que ie suis d'Ariadne parente
Fille à Minos, qui d'amour violente
Oza son pere & son païs changer
Pour vn Thezée, vn pariure estranger.
Certes ce n'est ma terre ny ma race
Qui me contraint, c'est seulement ta face,
Et ta ieunesse & ton œil nonpareil.
 Malheureux est qui ne voit le soleil
Quand il esclaire, & son œil tourne arriere
Pour ne iouir d'vne telle lumiere:
Oste ton front, oste moy tes beaux yeux,
Oste ta taille egalle aux demi-Dieux,
Ton entretien, ton maintien, ta parolle,
Et qui plus est ta vertu qui m'affolle,

T iij

Tu esteindras de mon cueur le flambeau:
Mais te voyant si vertueux & beau,
Ie t'aimeray d'ardeur insatiable,
Et si ie faux tu en es punissable:
　　Ie ne crains point comme les dames font
De m'apeller femme d'un vagabond
Pauure fuitif qui n'a maison ny troye:
Il ne m'en chaut, las! pourueu que ie soye
A ton seruice, & tu daignes m'aymer:
Soit qu'il te plaise espouze me nommer,
Soit ton esclaue, & deusse-ie amusée
Tourner ton fil autour d'vne fusée.
　　Labeurs presens & futurs ie reçoy
Pourueu, Troyen, que ie puisse estre à toy:
Ie ne craindray tes perilleux voyages,
Terres, ny mers, tempestes ny orages,
Ou si iay peur, i'auray peur seulement
De toy mon tout, & non de mon tourment:
Si ie peris, au moins en ta presence
Ie periray: ou ta cruelle absence
(Si tu ne veux pour tienne m'aquerir)
Cent fois le iour me tu'ra sans mourir.
　　De tel vers fut son epistre acheuée,
Puis la seella d'vne Agathe engrauée:
La mit au sein de la nourrisse: & lors
Vne sueur ruissela de son corps,
Auecq la lettre encor luy bailla l'ame
Pour luy porter, & my-morte se pasme.

LA FRANCIADE.

Tandis Cybele auoit changé de peau
Et transformé son vieil corps en un beau
Prenant la face, & la voix, & la taille
De Turnien (qui depuis la muraille
Bastit de Tours, & la ville fonda)
Lors de tels mots Francion aborda.

Iusques à quant, fils d'Hector, sans rien faire,
Nous tiendras-tu sur ce bord solitaire,
Acagnardés en paresseux seiour,
A boire, à rire, à demener l'amour?
A perdre en vain noz iours par les boccages
Suiuant les cerfs & les bestes sauuages?
Que ne fais-tu sans le temps consommer,
Ce que t'a dit la Nymphe de la mer?
Courtize Hyante, afin qu'elle te face
Voir tous les Rois qui viendront de ta race:
Puis donne voile, & sans plus t'allecher,
Va t'en ailleurs ta fortune chercher.
Ce Turnien auoit la face belle,
Les yeux, le front, compagnon tresfidelle
De Francion que seul il escoutoit,
Et ses segrets sans autres luy contoit.

Il estoit fils de la nymphe Aristine,
Qu'Hector auoit soubs sa masle poitrine
Pressée au bord du fleuue Simois:
Ses chers parens en furent resiouis
Enorgueillis de voir leur fille pleine
Du fruit yssu d'un si grand capitaine.

Elle accoucha dessus le bord herbeux
Du fleuue mesme en regardant ses bœufs
Qui bien cornus paissoient par le riuage:
D'vn prince tel il auoit son lignage.

  Ceste Déesse en s'enuolant de là
Bien loing du peuple à l'escart s'en alla
Voir la maison toute rance & moysie
Où croupissoit la vieille Ialousie.

  C'estoit vn antre à l'entour tapissé
D'vn gros halier d'espines herissé.
Le clair ruisseau ny la viue fonteine
Ny gazouilloient luitants contre l'arene:
Mais d'vn marest vne vapeur sortoit
Qui parmy l'air puante se portoit.
Iamais clarté n'y flamboit alumée,
Et toutefois ce n'estoit que fumée:
Elle estoit lousche & auoit le regard
Parlant à vous tourné d'vne autre part.

  De fiel estoit sa poitrine empoulée,
Son col plombé, sa dent toute rouillée,
De froid venin sa langue noircissoit,
Comme saffran son teint se iaunissoit,
Bousie, enflée, inconstante, & farouche,
A qui le ris ne pendoit à la bouche.

  Iamais ses yeux ne prenoient le sommeil
Soit au coucher ou leuer du soleil,
Veillant sans fin, touiours pensiue & blesme,
Et se rongeoit de sa lime elle mesme

LA FRANCIADE.

Se tourmentant de trauail & d'ennuy,
Quand le bonheur fauorisoit autruy.

Deuant sa porte estoit Melancholie
Froide deésse, & la chaude Folie,
Le Desespoir, la Rage, & le Trespas :
Elle prenoit à terre ses repas
De serpens tous herissez d'escailles,
Nourrissement de ses noires entrailles :
D'vn mauuais œil Cybele regarda,
Lors la Deésse ainsi luy commanda.

Vieille debout : marche en Crete, & te haste :
Pren tes serpents, & de Clymene gaste
Par ta poison les veines & le cœur :
Dans l'estomac iette luy la rancœur,
Le desespoir, la fureur, & la rage
Mesle son sang & trouble son courage.
Tu le peux faire, & ie veux qu'il soit fait.
A tant s'enuole & laisse l'antre infait.

Quand Ialouzie eut la parolle ouye
De la Déesse, elle en fut resiouye :
Puis en frizant de serpents ses cheueux,
Et s'apuyant d'vn baston espineux
Alla trouuer en Crete la pucelle
Que le sommeil couuoit dessous son æsle,
Et dont le cueur qui de dueil se fendoit
Entre-dormant nouuelles attendoit.
Incontinent ceste vieille maline
De la pucelle assiegea la poitrine,

V

D’un froid venim ses leures elle enfla,
Et la poison haletant luy soufla
Aux yeux au cueur: & en l'ame renuerse
Vn long serpent qui en glissant luy perse
Faye & poumons: & puis en denouant
Ses cheueux torts, elle alla secouant
Mille lesars au sein de la pauureté
Qui la suçoient d’une langue segrette,
Et coup sur coup les membres luy mordoient,
Et dans ses os le venin respandoient:
Comme cecy s'acheuoit : la nourrice
Espiant l'heure & la saison propice
A Francion la lettre presenta,
Et de parolle en vain le retanta.

 Francus la prit & apres l'auoir leuë
De honte espris besse en terre la veuë,
Il trembla tout : vne froide sueur
Laua son corps : vn batement de cueur
Fit esbranler sa poitrine estonnée,
Puis de tels mots responce il à donnée.

 Vieille delogé, ou par le fer tranchant
Ie puniray vn acte si mechant,
Ou ie feray chastier par le pere
Vn fait si plain d'horrible vitupere.

 Ie ne suis pas en cette isle venu
Pour tromper ceux à qui ie suis tenu:
Le beau Pâris pour Helene rauie
De mille naufs vit sa faute suiuie,

LA FRANCIADE.

Tuer son pere, Ilion ambrazer,
Et iusqu'au fond ses murailles razer.
　Ie crain des Dieux la vengeance homicide,
Et Iupiter hostelier, qui preside
Au cueur d'vn roy qui benin veut loger
Sans le connoistre vn fuitif estranger.
Si l'hoste faut, d'vne tempeste haute
Ou d'vn orage il sent punir sa faute:
Touiours du mal le payement est contant.
　Or si i'estois de nature inconstant
Pront au plaisir où Venus nous apelle
I'aimerois mieux sa sœur Hyante qu'elle,
,, Elle est modeste, & plus que la beauté
,, L'homme en la femme aime l'honnesteté.
　Il dit ainsi : vne froide gelée
S'est par les os de la vieille escoulée
Tremblant de peur : à la fin elle va
D'vn pié si pront que Clymene trouua
Encore au lict du sommeil assommée:
　Reueille toy ma fille mieux aimée,
Ce beau Troyen d'vn autre amour piqué
Et de ta lettre & de toy s'est moqué.
　Toute en sursaut oyant telle parolle
Se reueilla : son esprit qui s'en volle
Vers l'estranger emporté du penser
Luy fit ainsi ses plaintes commencer.
　Doncques ma lettre à serui de risée!
Ha pauure moy! i'estois mal auisée

V ij

Folle d'amour! d'enuoyer vn escrit
A ce bany sans cueur & sans esprit
Qui n'a sceu prendre aux cheueux la fortune!
C'est vn niais que la mer importune
Comme il merite, & qui sottement pert
Le bien qu'amour luy a de grace offert,
N'ozant cueillir pour crainte de l'espine
Le beau bouton de la rose pourprine.

 Puis il se vante, O le braue empereur!
Que de la gaule il sera conquereur
Qui n'a sceu veincre vne fille veincuë!
I'ay de sa honte & l'ame toute esmeuë
Et tout le cueur : il n'est du sang des preux,
Mais d'vn pasteur ou d'vn piqueur de beufs.

 Son front, ses yeux, son parler, & sa grace
Son port royal qui les autres surpasse,
Sont ô Venus indignes de son corps,
Laid par dedans & beau par le dehors :

 Ame couarde en vn beau corps logée,
Que ciel que terre & que la mer ægée
Vont bourrelant : Car vraisemblable il est
Que ta simplesse à Iupiter desplaist.

 Du beau Paris, dont tu mens ta lignée,
La beauté fut d'amour acompagnée :
Helene à luy de bon cueur se rendit
Et par combats dix ans la deffendit
Plein de sueur de guerres & de peines,
Cueur genereux, qui valoit cent Heleines.

LA FRANCIADE. 157

Mais tu ne vaux, ieune escumeur de mer
Que pour courir & non pour bien aymer :
 Puisse arriuer que ma sœur soit trompée,
Et sans espoir en ses larmes trampée
Soit delaissée au front de quelque bord
Et qu'elle pleure aux vagues sans confort.
 Quand ce bany par honneste cautelle
Aura tiré le plaisir qu'il veut d'elle,
D'vn cueur pariure oublira sa beauté
Car l'œil senestre en vain ne m'est sauté.
 Si le Destin les gaules luy ordonne
Qu'en ma faueur cent guerres il luy donne,
Ains que bastir les rempars de Paris,
Voye à ses yeux ses alliez peris,
Qu'il soit chassé, & que de terre en terre
En supliant secours il aille querre :
Puis par les siens surpris en trahison
Soit membre à membre occis en sa maison.
 Disant ainsi : de son chef elle arrache
Vn gros touffeau de cheueux qu'elle attache
Contre son lict signe de chasteté,
Et que son corps n'auoit encor' esté
Honny d'amour, puis sa chambre elle baize.
A Dieu maison : que i'estois à mon aize,
Ains que ce traitre & fuitif incônnu
A nostre bord, naufrage fust venu.
 Incontinent la fureur & la rage
De ialousie emplirent son courage,

V iij

Et tellement la douleur la ferut
Que par les champs hurlante elle courut.
 C'estoit le iour que les folles Euantes
Criant Bacchus seules alloient erantes
(Ayant les corps enuironnez de peaux)
Par les forests, aux festes des coupeaux,
Par les desers, par les taillis sauuages,
Et sur le bord des sablonneux riuages:
L'air respondoit soubs le bruit enrouë
D'Euan, d'Iach, de Bassar, d'Euoë:
Ce puissant Dieu qui blesse les pensées
De trop de vin, les auoit insensées:
En ses liens captiues les auoit,
Et la fureur de raison leur seruoit.
 Ceste pucelle à qui l'erreur commande
S'alla ietter au milieu de la bande
Escheuelée, & d'vn bras forcené
Branloit vn dard de pampre enuironné.
Qui la premiere (en me suiuant) dit elle,
De ce sanglier respandra la ceruelle,
Et d'vn espieu la premiere en son flanc
Fera la playe? & s'yura de son sang?
Marchon, couron, suiuon comme tempeste
Les pas fourchus de ceste noire beste
Monstre hydeux, qui s'enfuit deuant nous,
Armon noz mains & l'assommon de coups.
 Son faux Dæmon auoit pour couuerture
Pris d'vn sanglier la menteuse nature

LA FRANCIADE.

Et figurant Francus de bord en bord
De bois en bois l'amenoit à la mort.
 Loing du troupeau s'eslancea la premiere
Branlant au poing vne fourche guerriere:
Luy vagabond sans qu'on le peust toucher
Gangna courant le feste d'vn rocher,
Qui soubs ses pieds tenoit la mer suiecte:
 Là ce Dæmon à corps perdu se iecte
Dedans le goufre:elle qui s'auancea
Pour le tuer comme luy s'eslancea:
La mer en bruit:trois fois soubs l'eau profonde
Son corps alla, trois fois reuint sur l'onde,
Trois fois le flot la reuint abysmer.
 Elle mouroit sans les Dieux de la mer
Qui souleuant la ialousie tombée
Luy ont du corps la parque desrobée,
Et luy perdant sa figure & son nom
L'ont enrollée à la troupe d'Inon,
Et du vieil Glauque à la double naissance.
 Dessus la mer luy ont donné puissance
Faire boufer les vages & le vent
Fiere Deésse, & qui a bien souuent
Contre Francus poussé sa frenesie
Gardant soubs l'onde encor sa ialousie.
 La passion cause de noz trespas
Quand le corps meurt en l'esprit ne meurt pas

Le remors vit, & du mort l'alegeance
Par ombre ou songe est de prendre vengeance.
Il hait l'aucteur de son malheur passé,
Et l'offenseur est tousiours offensé.

FIN DV TROISIEME LIVRE
DE LA FRANCIADE.

LE
QVATRIEME LIVRE
DE LA FRANCIADE,

QVAND la nouuelle au
Pere fut venuë,
D'ardeur & d'ire vne bouil-
lante nuë
Pressa son cueur qui menu
sanglotoit:
De coups plombez l'estomaq
se batoit
Pensant songeant & di-
scourant la sorte
Comme sa fille en la mer estoit morte:
Il soupiroit, & d'un bourbier fangeux
Deshonoroit sa barbe & ses cheueux.
Prise de dueil sa raison se foruoyat,
Son fils Orée aux oracles enuoye

X

Auquel (: cherchant d'un cueur deuotieux
Trois iours entiers la volonté des Dieux
Par meinte offrande en victime immolée)
Telle voix fut du Trepié reuelée.
Si le Roy veut se soulager d'ennuy
,, Ne loge plus d'arondelles chez luy.
Telle parolle en doute respondue
Fut aisement de ce prince entendue.
    C'est qu'il deuoit par prudente raison
Les estrangers chasser de sa maison,
Hommes sans foy, pariures, & sans ame,
Et du trespas de sa fille les blasme.
    En nul païs la foy n'a plus de lieu
Disoit ce prince, & Iupin le grand dieu
N'a plus de soing de l'humaine malice
Et le peché ne craint plus la iustice.
    Cét estranger pauure chetif & nu
Vn vif naufrage à ma riue venu,
Couuert d'escume & de bourbe & de sable,
Ah! que i'ay fait compagnon de ma table,
Que i'ay voulu pour mon gendre choisir
Et luy quiter ma terre à son plaisir,
Moque mon sceptre? & masque de seintise
Ma vieille barbe & mes cheueux mesprise,
Et soubs couleur d'un destin ne veut point
Par foy promise aux femmes estre ioint,
Second Pâris, Pirate que consomme
Ses ans sur l'eau: Toutefois ce preudhomme

Fin artifan de cauteleux moyens,
Comme heritier du malheur des troyens
En toute terre à l'impourueu se ruë,
Seduit des rois les filles & les tuë:
Puis en faifant ses galeres ramer
Baille le meurdre aux vagues de la mer,
Met voile au vent: le vent qui luy resemble
Pousse sa voile & sa foy tout ensemble:
Et tu le vois, Iupin aux rouges bras,
Tu le vois bien, & ne le punis pas!

   Or pour souler par vengeance mon ire,
Ie le veux pendre au mast de son nauire
Couuert de soufre & de salpestre ardent,
Afin qu'en l'air il se voye en pendant
Vestu de flame, & sente consommée
Sa triste vie éteinte de fumée:
Ou bien du corps ses boyaux arracher
Et membre à membre en morceaux les trancher:
Puis les ietter sans droit de sepulture
Parmy les champs, des mâtins la pasture.

   Que dis-ie? ou suis-ie? en quelle folle erreur
Perdant raison me pousse la fureur?
„ *Il ne faut pas qu'un prince debonnaire*
„ *Du premier coup s'enflame de colere:*
„ *Il ne doit croire aux flateurs de leger,*
„ *Le commun bruit est touiours mensonger.*
„ *Il doit attendre & sagement connoistre*
„ *La verité que le temps fait paroistre.*

                      X ÿ

„ l'atandray doncq : vn roy ne doit sentir
„ D'vn faux courroux vn iuste repentir.
Tandis Francus qui la saison espie
Aborde Hyante, & de tels mots la prie.

 Vierge sans per, dont la grace & les yeux
Pouroyent tenter les hommes & les dieux,
Qui soubs tes pieds presses serue ma teste,
Qui de mon cueur remportes pour conqueste
L'orgueil premier, qui n'auoit point esté
D'vn autre amour que du tien surmonté.

 Si la pitié si l'humble courtoisie
Peut des humains gangner la fantaisie
Soit de mes pleurs ton courage adoucy,
Garis ma playe & me prens à mercy.

 Qu'and ie touché ton isle de ma dextre,
Ie ne vins pas, ô destin, afin d'estre
Comme ie suis, miserable amoureux,
Ains pour chasser le peril dangereux
Qui menassoit ma teste du naufrage:
Mourir deuoi-ie au plus fort de l'orage
Puisque sur terre, amour m'est plus amer
Que la tempeste au milieu de la mer?

 Contre l'amour inuincible aduersaire
I'ay resisté, mais en vain, car l'vlcere
S'en-aigrissoit plus ie voulois celer
Le mal qu'il faut par force reueler,
„ L'homme seroit heureux en toute chose
„ S'il ne cachoit au fond de l'ame enclose

,, La passion que nous engendre Amour
,, Qui de la vie embrunist le beau iour,
,, Et verse au cueur par mauuaise coutume
,, Bien peu de miel & beaucoup d'amertume
Et toutefois la raison & les yeux
Nous font aymer ! s'il est ainsi, ô Dieux
Que l'amour soit aux veines espanduë
Par la raison, vous l'auez cher venduë.

 Heureux trois fois, voire quatre vn rocher
Qui sans tendons, sans muscles & sans chair
Vit insensible, & qui n'a l'ame attainte
D'amour de haine, ou de soing ou de crainte:
Ie voudrois estre en quelque riue ainsi!
Ie viurois dur sans peine & sans soucy,
Ou maintenant par trop de connoissance
Ie sens mon mal, & si ie n'ay puissance
De deliurer mon esprit afligé
Que tes beaux yeux retiennent engagé.

 Il dist ainsi : meinte larme roulée
Onde sur onde en son sein est coulée:
Hyante alors soupirant d'autre part
Contre-respond : Troyen il est trop tard
Pour deuiser, & la nuit sommeilleuse
De noz propos est ce semble enuieuse,
Chacun nous voit & iette l'œil sur nous:
,, Du fait d'autruy le vulgaire est ialoux:
Allon dormir, la nuit nous le conseille,
Si le matin des l'Aurore vermeille

Te plait venir au boccage sacré
Où mes ayeux au beau milieu d'un pré
Ont fait bastir d'Hecate le grand temple,
Plus priuément en imitant l'exemple
Des amoureux, tu me diras ton soing
Et i'en prendray la Déesse à tesmoing.
 Ainsi disant, main en main se presserent
Et tous honteux : à regret se laisserent
Mais le soucy ne laissa sans gemir
Les deux Amans toute la nuit dormir.
 Quand le Soleil perruqué de lumiere
Eut de Thetis sa vieille nourrissiere,
En se leuant abandonné les eaux,
Et fait grimper contre-mont ses cheuaux,
Et que l'Aurore à la main saffranée
Eut annoncé la clarté retournée,
Le soing d'amour qui poingnant trauailla
La belle Hyante, au matin l'esueilla,
Et pour aller au lieu de la promesse
Se reuestit d'un habit de princesse :
 En cent façons son chef elle peigna,
D'eau de senteurs son visage bagna,
Prist vn collet ouuert à rare voye
Entre-brodé de fils d'or & de soye,
Rare subtil à long plis bien tissus :
 Puis vn beau Guimple afulla par dessus
Prime, dougé, fille de main sçauante,
Qui la couuroit du chef iusqu'à la plante,

LA FRANCIADE.

A chaque oreille vn ruby luy pendoit:
Vn diamant en table descendoit
De sur son front, dont la viue étincelle
Tenoit sa grace & sa face plus belle.

Son col d'iuoire honora d'vn carquan
Fait en serpent, ouurage de vulcan:
D'or & d'email merueille elabourée
Qu'il fit iadis pour la déesse Rhée
Et Rhée à Nede en present le bailla
De ce serpent tout le dos escailla
D'aspres replis : si bien que la facture
De l'artisan surmontoit la nature.
De Nede apres vn Corybante l'eut,
Puis à Dicée en partage il escheut,
Qui pour garder tel bien à sa famille
L'auoit donné dés long temps à sa fille.

Hyante adonq fit son Coche ateler:
Tous les chemins faisoit étinceler
Soubs ses ioyaux : & lors douze pucelles
Qu'on luy choisit en beauté les plus belles
Qui dés enfance au logis la suiuoient,
Et de son corps songneuse garde auoient,
D'vn pié leger dedans l'estable allerent,
Hastent leurs mains, & le Coche atelerent.

A chaque rouë ils entent le moyeu,
Douze rayons font passer au milieu,
Iusqu'à la gente, & autour de la gente
Mettent d'airain vne bande pesante,

La garde-rouë, où des cloux argentez
A grosse teste en ordre estoient plantez.

 Au limon d'or couple à couple ils attachent
Quatre iumens souple-iarrets, qui marchent
D'vn pas venteux, & font dessous leurs pieds
Voler menu les sablons deliez.

 Elle en son Char monte seule & se guide,
Vne main tient le foët, l'autre la bride:
Chassant touiours ses iumens en auant
Qui de leur gré voloient plus tost que vent.
Aux deux costez des rouës bien tournantes
Tenant le Coche, estoient quatre Seruantes
Qui leur vasquine au genou retroussoient,
Et de courrir apres ne se lassoient.

 Quand les iumens au temple l'ont renduë,
Soudain à bas du char est descenduë,
Osta leur bride : elles non guiere loing
En hanissant vont paistre le saint-foin,
Le thin, le trefle : & de manger fachées
Se sont sur l'herbe au frais de l'eau couchées.

 Le temple estoit d'vn taillis couronné,
Et le taillis de prets enuironné,
Où l'amoureuse apres le sacrifice
Qu'elle deuoit, controuue vne malice,
Ce fut s'asseoir, & faire d'vn grand tour
Comme elle asseoir ses filles à l'entour.

 Il n'est pas temps, cher troupeau, que i'honor
De retourner à la maison encore,

Sur

LA FRANCIADE. 169

Sur l'herbe tendre il vaut mieux seiourner,
Au frais du iour nous pourrons retourner,
Chanton, danson, que chacune commence,
Et la premiere à l'ouurage s'auance.

 Mais ny les fleurs ny autres passetemps
Ne luy plaisoient: ses beaux yeux inconstans
Touiours au guet s'escartoient en arriere
Sur les chemins, pour voir si la poussiere
Desous Francus s'iroit point esleuant,
A chaque bruit, à chaque flair de vent
Elle trambloit, & sans estre assurée
D'yeux & d'esprit erroit toute esgarée.

 De bon matin Francus qui s'esueilla,
De ses habits en Troyen s'habilla:
Prist son Turban enflé d'espaisses bandes,
De son habit les manches estoient grandes,
Et cét habit aux talons descendoit
Sa Cimeterre au fourreau luy pendoit
D'vne ceinture à la boucle esmaillée,
Qu'Hector auoit à son frere baillée
Par amitié, car sur tous il l'aimoit
Et sa vaillance & son art estimoit.

 Or' Helenin qui auoit par grand cure
Nourry Francus, luy donna la ceinture
Quand il partit se souuenant d'Hector:
A la ceinture il aioingnit encor
Vn beau pougnart à houpes bien perlées
Qu'en se iouant Helene auoit filées.

         r

Iamais enfant, iamais neueu des Dieux
N'eut le maintien, la bouche, ny les yeux
Si beaux qu'auoit Francus cette iournée:
Telle beauté du ciel luy fut donnée,
Les yeux pour plaire, & la voix pour sçauoir
En deuisant sa maitresse esmouuoir.
　A son costé menoit pour compagnie
Le vieil Amblois dont l'ame estoit garnie
De prophetie, & outre il auoit soing
De conseiller ses amis au besoing.
　Pres le chemin au milieu de la plaine
Vn orme estoit dont la cyme estoit pleine
De meinte branche, où les Oyseaux au soir
Prenoient leur perche, & se souloient assoir.
Là de fortune importun aux oreilles
Iasoit soubs l'ombre vn troupeau de corneilles.
L'vne se hausse, & comme en se iouant
Coup dessus coup ses æsles secouant,
Et herissant le noir de son plumage
En voix humaine eschangea son langage.
　Ah! où vas-tu vieil Prophete insensé
Qui par ton art en l'esprit n'as pensé
Bien que tu sois prudent en toute chose
Que la pucelle aura la bouche close,
Despite au cueur reuesche & rechigné,
Si elle voit l'amant accompagné:
Maudit deuin, tourne le pas arriere,
Laisse le seul vser de sa priere,

Et leur deuis, compagnon, ne deffens:
Tu ne sçais pas cela que les enfans
N'ignorent point ? va, iamais Cytherée
De sa faueur n'a ton ame inspirée:
Le vieil Amblois qui telle voix ouït
Dedans le cueur soudain s'en resiouït,
Et connut bien la corneille esuantée
Auoir d'vn Dieu la parolle empruntée,
Pource en tournant sur le trac de ses pas
Dist à Francus : Prince amoureux tu n'as
Besoing de guide : vn Dieu qui te suporte
En lieu de moy te sert d'heureuse escorte:
De tes souhais ton cueur sera content,
Sans nul refus la pucelle t'atend
Obeissante, & preste à te complaire,
Par doux propos commence ton affaire:
„ *Sois doux en tout: le desdain genereux*
„ *D'vne fille aime vn courtois amoureux.*
  Francus luisant de beautés & de grace
Luy aparut d'vne coline basse
Beau comme Amour: les rayons de ses yeux
Estoient pareils à cet astre des cieux
Qui bien nourry de l'humeur mariniere
Iette de nuit vne espesse lumiere,
Et de rayons redoutables & crains
Verse la soif & la fieure aux humains
Et de son front efface chaque estoille.
Elle qui tint dessus la face vn voile

Par le trauers du crespe l'aperceut:
A donq vn trait en l'ame elle receut,
Son cueur luy bat au fond de la poitrine
Ses pieds tenus comme d'vne racine
Ne remuoient ny deçà ny delà.
Dessus sa iouë vne rougeur alla
Chaude de honte: vne froide gelée
Sur ses genous lentement est coulée,
Et ne sçay quelle ombrageuse obscurté
De ses beaux yeux offusqua la clarté,
Et tout le corps comme fueille luy tramble:
 Ils sont long temps sans deuiser ensemble
Tous deux muets, l'vn deuant l'autre assis:
Ainsi qu'on voit deux Pins qui vis à vis
D'vn beau ruisseau sont plantez au riuage
Ne remuer ny cyme ny fueillage
Cois & sans bruit en atendant le vent.
 Mais quand il soufle & les pousse en auant,
L'vn pres de l'autre en murmurant se iettent
Cyme sur cyme & ensemble caquettent:
Ainsi deuoient babiller à leur tour
Les deux amans dessous le vent d'amour.
 Francus venu, la compagnie attainte
De honte & peur, se recula de crainte,
Et se cachant sous le boucage ombreux
Sans nul tesmoing les laisserent tous deux.
 L'amant vit bien dés la premiere œillade
Que l'amoureuse au cueur estoit malade:

LA FRANCIADE.

Que son esprit cherchoit de s'enuoler :
Pource il la flate & commence à parler.
　Chasse la crainte & la rougeur qui monte
Dessus ton front, tu ne doibs auoir honte
De parler seule à moy seul estranger,
Ie ne vien pas, vierge, pour t'outrager,
Mais pour t'aymer : & mon humble courage
Ne semble point à ceux du premier age
Fiers estragers, Hercules & Iason
Qui rauissoient les filles de maison,
Telle insolence au cueur n'est point entrée
D'vn qui n'a lieu ny terre, ny contrée,
A qui le ciel sa clarté baniant.
　Ie suis helas ! estranger, & priant
Le grand Iupin à telles gens preside
Et soubs sa main les conserue & les guide,
Pere commun les deffend contre tous :
Pource mon tout i'ambrasse tes genous
Imitant Dieu sois vierge secourable
A moy fuitif priant & miserable.
　Iadis Ariadne en ce païs icy
Prise d'amour prist Thesée à mercy.
Victorieux sans danger le renuoye
Par vn filet qui conduisoit sa voye,
,, Vn gentil cueur ayde touiours autruy.
　Pour tel bienfait elle encore auiourduy
Reluit au ciel, & ses yeux manifestes
Roulent de nuit par les voutes cœlestes.

Ie ne requiers richesses ny thresors,
Ny grand empire enflé de larges bors:
Ie veux sans plus que ta bonté me face
Voir ces grans Rois qui naistront de ma race,
Et par sur tous vn CHARLES DE VALOYS
Qui tout le monde enuoira soubs ses loix.

Pour vn tel Roy toute peine m'est douce,
Le vent m'est doux : la mer qui se courrouce,
Foudres, esclairs ne m'offenssent, pourueu
Que de moy naisse vn si puissant neueu,
Montre le moy : tu en as la puissance,
Le bas enfer te rend obeissance
Tant ton scauoir est diuin & parfait,
Hecate en vain prestresse ne te fait
Garder son temple & commet ses mysteres:
Herbes & fleurs, & plantes solitaires
Craignent ta main : les murmurantes voix
Les poincts couplez, les mots redis trois fois
Te font seruice, & la fureur deuine
Du delien eschaufe ta poitrine:
Prophete ensemble & ensemble qui peux
Tirer d'enfer les espris quand tu veux.

Ie batiray pour telle recompense
Meint temple fait de royalle despense
En ton honneur, & si ie puis iamais
Aborder Seine, icy ie te promets
Par ton Hecate & par ses triples testes,
Que tous les ans en solennelles festes

LA FRANCIADE.

A iours certains ie te feray des ieux,
Où sur la lyre à iamais noz neueux
Par vers chantez diront ta renommée,
Et s'il te plaist espouse estre nommée
D'vn fugitif, ie te donne la foy
De n'espouser autre femme que toy.

Tu me diras, douteuse d'esperance
Qu'vn estranger erre sans asseurance,
Et que la voile au premier vent qui vient
L'emporte ensemble & sa foy qui ne tient
Ny iurement ny conuenance aucune,
Et que tout fuit au vouloir de Neptune:
Ie le scay bien, mais las! ie ne suis tel:
Tesmoing en soit le soleil immortel
Qui de ses yeux toute chose regarde
Si mon serment enuers toy ie ne garde.
Iamais son iour ne me soit departy
Et vif puissé-ie en terre estre englouty.

Tu me diras, comme princesse fiere,
Que ie ne puis assigner ton douere
Que sur la mer, mes erreurs & le vent,
Sur vn destin qui me va deceuant,
Qui me promet, & iamais ne me baille
Qu'vn long soucy qui touiours me trauaille.

Ie le scay bien : mais c'est beaucoup encor
De te donner pour ton beau pere Hector,
Pâris pour oncle, & Priam pour grand pere,
Qui peut iadis, quand fortune prospere

Le careſſoit, l'orient ſurmonter :
Entre les tiens ceſt beaucoup de conter
Teucre, Aſſarac, & l'ancienne race
Du vieil Dardan qui au ciel a ſa place.
 Ie te ſuply par ta ieune beauté,
Par ton beau port qui ſent ſa royauté,
Par ton Orée, & par la vieille teſte
Du pere tien accordes ma requeſte.
 Tu le feras, ié le iuge à tes yeux
Qui ſont ſi beaux, ſi doux & gratieux :
Puis vne dame en vertus admirable
Comme tu-es, vit toũiours pitoyable.
 Ainſi diſoit Francus en la louant :
D'aiſe flaté ſon cueur ſ'aloit iouant,
,, Folle d'eſprit : toute femme douée
,, De grand beauté deſire eſtre louée.
 Comme vn printemps Francus luy paraiſſoit,
Mais rien au cueur ſi fort ne la preſſoit
Que le ſainct nom du promis mariage,
S'en ſouuenant elle ardoit d'auantage,
Et conſommoit ſa vigueur peu à peu
Comme la cire à la chaleur du feu.
 Elle vouloit tant le plaiſir l'affolle
Tout à la fois deſgorger ſa parolle,
Et ne pouuoit ſa langue deſmeſler
Tant tout d'vn coup elle vouloit parler,
Aucunefois comme vn homme qui erre
D'eſprit troublé, deuant ſes pieds à terre

Fiche

LA FRANCIADE.

Fichoit les yeux demiclos & honteux,
Aucunefois de larmettes moiteux
Les rehauſſoit rabaiſſoit tout enſemble,
Et d'vn ſoub-ris qui de douceur reſemble
Au plus doux miel, porté par le ſourcy,
Sans dire mot teſmoignoit ſon ſoucy,
Mais à la fin en telle peine extreſme
Honte la fit conſulter en ſoymeſme.

Vn mal au mien ne ſe trouue pareil,
En mon malheur i'ay perdu le conſeil :
Vn nouueau feu par force me conſomme,
,, Rien n'eſt ſi fort que la douleur qu'on nomme
,, Le mal d'aymer : Ie me trauaille en vain
Et ſi ne puis l'arracher de mon ſein.

D'vn puiſſant trait ma raiſon eſt forcée :
Oſte du cœur la flame commencée
Si tu le peux, & conſtante defens
Que les braziers ne ſ'alument plus grans.
Ie guarirois ſi ie le pouuois faire :
Vn Dieu plus fort me repouſſe au contraire:
Du Ciel me vient ce deſaſtre fatal,
,, Ie voy le bien & ie choiſis le mal.

Le traiſtre amour me conſeille vne choſe,
Et la raiſon vne autre me propoſe :
Ie ne ſçaurois me reſoudre, ie ne puis
Me commander, tant douteuſe ie ſuis.

Pour mon mary vn bany dois-ie ſuiure ?
Et par les vens par les tempeſtes viure ?

Z

Comme un Plongeon porté du flot amer
Qui prend sa vie & sa mort en la mer.
　Non, ceste terre où i'ay mon parentage,
Me peut donner un riche mariage,
Et sans me perdre au gré de mon plaisir,
Ie peux en Crete un autre espoux choisir,
Riche de biens de race noble, & forte.
　Ah! ie me trompe, & mon Isle ne porte
Des fils d'Hector, & quand elle en auroit
Nul egaler sa vertu ne pourroit,
Ny sa beauté ny sa ieunesse tendre,
Armes d'amour qui prise me font rendre.
　Vaut-il pas mieux franche me deslier
De tant d'amour que mon pere oublier
Pour un fuitif? qui n'a point de demeure,
De foy, de loy? mourir puisse-ie à l'heure
Qu'en destachant de honte le bandeau,
Ie presseray de mes pieds son bateau,
Sans auoir soing des vergongneux diffames
Que mes parens les filles & les femmes
Me ietteroient: Hyante pour n'auoir
Ny iugement ny raison ny scauoir,
Brute, lasciue, amoureuse, incensée
A ses amis & sa terre laissée.
Pour un bany qui traistre la deçoit!
Desia mon cueur son malheur aperçoit.
Par les Citez ira ma Renommée.
De bouche en bouche en vergongne semée.

Ie n'oseray par les danses baler,
Honte & despit retiendront mon parler,
Et par les lieux où sera l'assemblée,
Des iouuenceaux, i'auray l'ame troublée,
Fable de tous, des tables le propos:
Et lors la terre engloutisse mes os!

    Fuyez amours, delices, mignardises,
Regards, atrais dont les filles sont prises,
Venez honneur pour me seruir d'escu,
Venez Vertu dont Amour est vaincu.
Que dis-ie helas! il n'a pas la nature
D'homme meschant, & si la coniecture
Ne me deçoit en voyant sa beauté
Il n'a le cueur remply de cruauté:
Dedans son ame vn rocher il ne porte
Et ce penser mon trauail reconforte:
Au pis aller c'est vn plaisant malheur
De secourir quelcun en sa douleur.

    Ainsi pensoit d'amour toute affolée:
Francus vit bien qu'elle estoit esbranlée,
Pource en touchant son menton de rechef
Et ses genoux, l'adiura par le chef
De Proserpine amie familiere
De ses segrets, d'accorder sa priere.

    Hyante songe à part soy longuement
Comme vn qui resue & qui n'a sentiment,
Puis en sursaut de son destin pressé
Se reueilla d'vne longue pensée

Z ij

Loing de son front la honte s'en alla,
Et prenant cueur ainsi elle parla
Chaude d'amour qui au sang luy commande,
  Non seulement ie seray ta demande
Amy Troyen, & cognoistras par moy
Ces puissans Rois qui sortiront de toy.
Mais qui plus est, si tu auois enuie
D'auoir mon sang, mes poumons & ma vie,
Mon estomaq en deux ie s'ouurirois
Et pour presens ie te les offrirois.
  Or' il te faut pour chose necessaire
Scauoir deuant cela que tu dois faire,
Afin, Troyen, que les Esprits d'embas
Fantausmes vains, ne t'espouuantent pas,
Et que ton ame en rien ne soit attainte
En les voyant, de frayeur ny de crainte.
Sorton d'icy afin de te monstrer
Où les espris te viendront rencontrer.
  Leue les yeux & regarde à main dextre,
Voy ce valon tout desert & champestre,
Là tu viendras apres trois iours au soir,
Quand le Soleil en l'eau se laisse choir.
  Ie m'en iray par mons & par valées
Trois iours entiers, par forests reculées,
Riues, rochers, & du peuple bien loing
D'vn courbe airain seule i'auray le soing
Couper à ieun les herbes & les plantes,
Et d'inuoquer les Deitez puissantes

Pluton, Cerbere, Hecate & tous les Dieux
Qui sont seigneurs des manoirs stygieux.
  Trois iours finis, tirant à la vesprée
Dans le valon en la place monstrée
I'apparoistray: Sois diligent & caut
A preparer de ta part ce qu'il faut.
Premierement arreste en ta memoire
De ne venir sans meinte brebis noire
Qui soit sterile : ameine d'noire peau
Vaches, & porcs, les plus grans du troupeau.
Ta robe soit de couleur noire & veuue,
Laue ton corps dans le courant d'vn fleuue
Par trois matins, & trois fois en priant
Et l'Occident regarde & l'Orient.
De masle Encens & de soufre qui fume
Puant au nez, tout le corps te parfume.
Ayes le chef de Pauot couronné,
Et tout le corps de Veruene entourné :
Masche du sel & pour quelque lumiere
Qui s'obscurcisse espaisse de fumiere,
Ny pour les feux de salpestre fumeux
Ny pour l'abboy des matins escumeux,
Ny pour le cry des Idoles menues
Qui sortiront comme petites nues
Ne sois peureux, & sans trembler d'effroy
Ne tourne point les yeux derriere toy.
Car si craintif tu retournes la face
Tout est perdu : Au milieu de la place

Z iij

Fay vne fosse assez large, ou dedans
Le sang verse des victimes respans
Tiede à bouillons, & tout ensemble mesle
Du vin du lait & du miel pesle-mesle.

 Quand tu verras que les esprits voudront
Boire le sang, & qu'espaix se tiendront
Pres de la fosse au sang toute trempée
Hors du fourreau tire ta large espée
Les menaceant, & ne souffre hardy
Boire vn esprit si ie ne te le dy.

 Adonc ayant l'ame toute grossie
De la fureur qui vient de prophetie
Ie te montray la plus grand part de ceux
Qui sortiront enfans de tes neueux :
Ie te diray quelque part de leurs gestes
Et non pas tout : les puissances celestes
Ne veulent pas que nostre humaine voix
Les faits humains chante tout à la fois.

 Or ie sçay bien qu'apres t'auoir monstrée
Ta race helas ! tu fuiras ma contrée
Comme Thesee abandonnant ta foy.

 A tout le moins Francus souuienne toy
De ton Hyante & de ta foy promise.
Or quand mon pere au tombeau m'auroit mise
Maugré la mort, maugré toute rigueur
I'auray touiours vn Francus dans le cueur,
Et tes beautez dont prise tu me lies :

 Et s'il auient ingrat que tu m'oublies,

Ce iour puiſſé-ie vn oyſeau deuenir
Pour de mon nom te faire ſouuenir
Volant ſur toy : & peut eſtre qu'à l'heure
Aurois pitié de moy pauure qui pleure
Pour ton depart qu'arreſter ie ne puis:
Car ton deſtin eſt plus que ie ne ſuis.

 Ainſi diſant, preſſez s'entr'acolerent
Puis au logis par deux chemins allerent:
Elle en ſon char monte ſans y monter,
Son foible eſprit ſe laiſſoit emporter
Apres Francus & toute froide & bleſme
En ſon logis retourna ſans ſoymeſme.

 Au iour promis Francus ne faillit pas:
Il a choiſy du troupeau le plus gras
Et le plus grand, trois Ieniſſes veſtues
De noire peau, aux cornes bien tortues,
Au large front, à l'œil grand & ardent,
Et dont la queuë auoit le bout pendant
Iuſqu'à la terre, & ſans coups les ameine:
Puis trois Brebis groſſes de noire laine,
A langue blanche, à qui l'œil treſſailloit
Offrande entiere où rien ne deffailloit,
Que le Belier n'auoit iamais connuës,
Graſſes brebis bien noires & peluës:

 Priſt vn fuzil & frayant de meins coups
Dru & menu l'acier ſur les caillous
En fit ſortir mille & mille flammeches
Les nourriſſant entre des fueilles ſeches:

Puis en souflant & souflant peu à peu,
De ce Genieure allume vn petit feu
Qui deuint grand, nourry par la pasture
Des bois qui sont gommeux de leur nature.

 De noir Pauot & d'Encens parfuma
L'air d'alentour: de l'Ache il alluma,
De la Cygue, & faisoit de leurs braises
Sortir vn flair dont les Dæmons sont aises,
Car ils ne vont ny mangeant ny beuuant:
Il sont nourris de vapeur & de vent.

 Soubs le valon s'esleuoit vn bocage
Branche sur branche espaissy de fueillage
Dont les cheueux par le fer non tondus
S'entr'-ombrageoient l'vn sur l'autre espandus:

 Persez n'estoient ny de l'aube premiere
Ny du midy: vne chiche lumiere
D'vn iour blafart au dedans palissoit
Et d'ombre triste afreux se herissoit,
Plein de silence & d'horreur & de crainte.

 Arbre n'estoit où ne pendist emprainte
L'image sainct d'Hecate au triple front
Qui regne au ciel, en terre, & au profond.

 Pres le bocage vne Fosse cauée
A grande gueule en abysme creusée
Beoit au ciel ouuerte d'vn grand tour,
Qui corrompoit la lumiere du iour
D'vne vapeur noire grasse & puante,
Que nul oyseau de son æsle volante

N'eust

LA FRANCIADE.

N'eust sceu passer, tant le ciel ombrageux
S'espaississoit de flames & de feux,
Et de vapeurs pesle-mesle alumées
A gros bouillons ondoyans de fumées.
 De là maints cris, maints traisnemens de fer,
Et maint feu sort: vray soupirail d'Enfer.
Pres cét abisme en horreur débordée
Creusa la place en haut d'une coudée
De toutes pars l'eslargissant en rond:
Puis la victime atira par le front
Les yeux tournez vers l'Occident, & pousse
Les noirs toreaux sur le bord de la fousse
De la main gauche, & le poil qui estoit
Droit au milieu des cornes il iettoit
Dedans le rond de la place, & respanche
Du miel, du vin, de la farine blanche
Auecq du lait, & brouillant tout cela
Du Mandragore au ius froid il mesla.
 Lors en tirant de sa gaisne iuoirine
Vn grand couteau le cache en la poitrine
De la victime & le cueur luy chercha.
Dessus sa playe à terre elle broncha
En trepignant, le sang rouge il amasse
Dedans le creux d'vne profonde tasse:
Puis le renuerse en la fosse à trois fois
L'espée au poing : priant à haute voix
La royne Hecate & toutes les familles
Du noir Enfer qui de la Nuit sont filles:

Aa

LE IIII. LIVRE DE

Le froid Abysme, & l'ardent Phlegeton,
Styx & Cocyt, Proserpine & Pluton
L'Horreur, l'Enfer, les Ombres, le Silence,
Et le Chaos qui fait sa demeurance
Dessous la terre en la profonde Nuit,
Voisin d'Erebe où le soleil ne luit.

 Il acheuoit, quand un effroy luy serre
Tout l'estomac : un tremblement de terre
Se creuaceant sous les pieds se fondit :
Vn long abboy des mâtins s'entendit
Par le bocage, & Hyantè est venuë
Comme un esprit affublé d'une nuë.

 Voicy, disoit, la Déesse venir :
Ie sens Hecate horrible me tenir
Cueur sang & foye, & sa forte puissance
Tout le cerueau me frape & me tourmente.

 Tant plus ie veux alenter son ardeur,
Plus d'aiguillons elle me lance au cueur
Me transportant, si bien que ie n'ay veine
Ny nerf sur moy ny ame qui soit saine.
Car mon esprit qui le Dæmon recoit
Rien que fureur & horreur ne conçoit.

 A tant retint sa parolle esuollée
Donnant repos à son ame esbranlée,
Puis coup sur coup le Dæmon luy reprit
Le sang le cueur la ceruelle & l'esprit :
Plus que deuant une rage l'alume :
Elle aparut plus grand que de coustume,

LA FRANCIADE.

De teste en pié le corps luy frissonnoit,
Rien de mortel sa langue ne sonnoit,
Le vent par l'air ses cheueux luy enmeine,
Son estomac s'esuantoit d'vne haleine
Courte & pantoise, & ses yeux qui trembloient
Deux grands flambleaux allumez ressembloient.
Lors en rouant ses yeux à demy-morte
Deuers Francus luy dist en telle sorte.

 Prince Troyen inuaincu de trauaux,
Qui sur la mer as souffert mille maux
Et qui en dois par longue & longue guerre
Souffrir encor de plus grands sur la terre:
En Gaule iras, mais tu ne voudrois pas
Y estre allé: mille & mille trespas
Mille peris plus aigus que tempeste
Desia tous prests te pendent sur la teste.

 Comme ton pere en defendant son fort
Conneut Tydide & Achille le fort
Fils inueincu d'immortelle Déesse,
Conneut Aiax, & l'Achaïque presse:
Tu dois vn iour cognoistre à ton malheur
Mille ennemis d'inuincible valeur,
Si que la riue & la course de Seine
De Troyens morts auront l'eschine pleine,
D'armes d'escus, de cheuaux renuersez
Et de bouclers d'outre en outre persez:

 Mais par sur tous garde toy que le fleuue
D'Aine en ses eaux durement ne t'abreuue,

Et que Remus sous ombre de vouloir
Te marier, ne te face douloir.
„ *La gloire humaine en fin est perissante:*
„ *La mort saisist toute chose naissante.*
Pren cueur au reste auecque la vertu
Tu vaincras tout par le glaiue pointu:
  Toy paruenu vers la froide partie
Où la Hongrie est iointte à la Scythie,
Tu bastiras pres le bord Istrien
Seiour des tiens, le mur Sycambrien
Que tes enfans en longue & longue race
Tiendront apres pour leur royale place.
  Le bon Hymen ayant soucy de toy
Te doit conioindre à la fille du roy
Qui regira sous sa dextre garnie
D'vn iuste fer, les champs de Pannonie.
  Le grand Soleil qui voit tout de ses yeux
Ne vit iamais princes si glorieux
Que tes enfans tous chargez de trophées
Ayant de Mars les ames eschaufées.
  Par meinte guerre & meinte donteront
Huns, Gots, Alains, & au chef porteront
Mille lauriers, en signe de conqueste
Qu'à leur voisins auront froissé la teste.
  Ia deux mille ans commenceront leur tour
Quand ta Sycambre & les lieux d'alentour
Seront laissez de ta race germaine
Conduite en sort par vn grand capitaine,

LA FRANCIADE.

Qui sous l'obscur des ombres de la nuit
Verra dormant vn Fantausme en son lit :
„ De Dieu certain çà bas vienent les songes
„ Et Dieu n'est pas artizan de mensonges.
 Ce fut vn corps ayant trois chefs diuers,
L'vn de Chouan aux yeux ardens & pers,
L'autre d'vn Aigle, & l'autre eut la figure
D'vn grand Lyon à la machoire dure :
Puis tous ces trois en vn se rassembloient
Et ces trois vn, face d'homme sembloient
Qui murmurant se vouloit faire entendre
Mais Marcomir' ne le pouuoit comprendre :
 Voulant sçauoir du songe tout esmeu
Que portendoit ce grand Fantausme veu,
Alla trouuer vne vieille prophete
Qui fut du songe infallible interprete :
 C'est qu'il failloit par le conseil des Dieux
Laisser Sicambre & chercher autres lieux,
Et s'en aller vers le Rhin où la Gaule
Du roy Brutus n'entre-uoit que l'espaule,
Et rechercher ses anciens amis
Qui dés long temps leurs siege y auoient mis
Seigneurs du Rhin, où sa corne bessonne
D'vn large cours dedans la mer s'entonne.
 Donc amassant son Peuple & le rangeant
Sous trois cents Ducs, hautain ira chargeant
Le cueur des siens de guerrieres menaces
Et tout le corps de fer & de cuiraces

Aa iij

Et Mars en eux sera si bien entré
Qu'il laisseront leurs maisons de bon gré
Prenant congé des vieux Dieux de la terre:
Loing deuant eux courra la triste Guerre:
  Vuides de gens les champs abandonnez
Dessous leurs pieds trambleront estonnez,
  Des grands ruisseaux les courses azurées
N'estancheront leurs gorges alterées
Presque espuisez iusqu'aux profond des eaux
Ou soit par eux, ou soit par leurs cheuaux,
Peuple inuaincu en toute sorte d'armes
(Vaillans pietons, cheualeureux gensdarmes)
Fier, courageux, aux batailles ardent,
Qui d'Orient iusques à l'Occident
Victorieux espandra ses armées:
  Les champs de Tyr, les terres Idumées
Le cognoistront, & toy Fleuue qui fuis
Dedans la mer desgorgé par sept huis:
Et d'Apollon la roche inaccessible
Connoistra bien leur puissance inuincible.
Voire tous Rois se verront surmontez
Si les Gaulois ne sont de leurs costez.
  Or à la fin de troupe plus espaisse
Que n'est la nege ou la gresle que presse
Le vent d'hyuer qui bond à bond se suit
Et sur le toict des maisons fait vn bruit.
Et plus espaix que fueilles d'vn bocage
Du Rhin venteux gangneront le riuage:

LA FRANCIADE.

Puis surmontant par l'effort du harnois,
Phrysons, Gueldrois, Zelandois, Holandois
Verront la Meuse, & par forte puissance
De leurs voisins prendront obeïssance,
De toutes pars aimez & redoutez
Comme guerriers aux armes indontez.
Terreur des rois, & des fortes murailles.

Sous Marcomire auront longues batailles
Contre la Gaule intraitable: & ie veux
De ce grand Duc te montrer les neueux,
Et les enfans yssus de ta lignée
Par qui la Gaule vn iour sera gangnée,
Et qui tiendront (sang Troyen & Germain)
Le Sceptre entier laissé de main en main.

A tant la vierge vn petit se repose
Et Francion luy demande autre chose.

Vierge l'honneur des dames & de moy
Toute diuine, heureux germe de roy,
Ie te suply prophete veritable
Sage en conseil, dy moy s'il est croyable
Que les esprits qui sont sortis de hors
De leurs vieux corps r'entrent en nouueaux corps?

Quelle fureur? quelle maudite enuie
Les tient ainsi de retourner en vie?
Et d'où leur vient ce furieux amour
Que de reuoir encore vn coup le iour?
Se reuestant de muscles & de veines
Pour resouffrir tant de nouuelles peines?

Et quand doibt l'homme esperer vn repos
Si despouillé de chair de nerfs & d'os,
Mesme au tombeau le repos il ne treuue
Et d'vne peau en recherche vne neuue ?
    Donques la mort n'est la fin de noz maux,
Puisqu'en mourant de trauaux en trauaux
Nous reuiuons pour mourir à toute heure
Errans sans fin sans repos ny demeure.
A tant se teut : Elle qui l'entendit
D'vn haut discours luy contre-respondit.
    Seigneur Troyen, tout ce qui vit au monde
Est composé de la terre & de l'onde,
D'air & de feu, (membres de l'vniuers)
Et bien qu'ils soient quatre Elemens diuers
Ils sont entre-eux liez de telle sorte
Que l'vn à l'autre enchesné se raporte,
Et s'empruntant d'vn accord se refont,
Et changeant d'vn en l'autre s'en reuont,
    Or tout ainsi que les hommes sans ame
(Ame surion de la diuine flame)
Ne pourroient viure, ains mourroient sans auoir
Vn esprit vif qui le corps faict mouuoir,
Et chaut & pront par les membres a place :
Ainsi la grande vniuerselle mace
Verroit par mort ses membres discordans
S'elle n'auoit vn esprit au dedans
Infus par tout qui l'agite & remuë
Et dont sa course en vie est maintenuë.

Esprit

LA FRANCIADE.

Esprit actif meslé par ce grand Tout
Qui n'a milieu commencement ny bout.
   Des Elemens corruptible matiere
Et du grand Dieu dont l'essence est entiere
Incorruptible immortelle, & qui fait
Viure par luy tout ce monde parfait
Vient nostre genre: & les poissons qui nouënt
Et les oyseaux qui parmy l'air se iouent,
Les habitans des bocages ombreux
Et les serpens qui viuent en leur creux
Voire du Ciel les diuerses puissances,
Tous ces Demons & ces Intelligences
Vont de ces deux comme nous se formant,
De Dieu l'esprit, le corps de l'Element.
   De là nous vient la Tristesse & la Crainte,
De là la Ioye en noz cueurs est empreinte,
L'Amour, la Haine, & les Ambitions:
De là se font toutes noz Passions.
   Or de noz corps la qualité diuerse
Empesche & nuist que nostre ame n'exerce
Sa viue force enclose en la maison
De terre, ainçois en la morne prison
Des membres froids qui la chargent & pressent
Et vers le Ciel retourner ne la laissent,
Tant le fardeau terrestre & otieux
Ne ne luy permet qu'elle reuole aux Cieux.
   Elle d'en-haut nostre hostesse venuë
Est par contrainte en noz corps detenuë.
                         Bb

Où n'employant sa premiere vigueur,
Par habitude & par trait de longueur
Consent au corps,& faut qu'en despit d'elle
S'estant infuse en la chair corporelle
Elle se souille, & honnisse aux pechez
Dont les humains ont les corps entachchez.

 Or quand la mort aux hommes familiere
Dissipe au vent nostre douce lumiere,
L'ame pourtant apres le froid trespas
Laissant son corps,son taq ne laisse pas
Ny sa souillure:elle emporte l'ordure
Empriute en soy qui longuement luy dure:
Pource aux Enfers comme vn songe leger
Elle deuale,afin de se purger
Et nettoyer sa macule imprimée
Qu'elle receut en son corps enfermée.

 L'vne vn Caillou pousse à mont d'vn rocher,
L'autre sa soif ne sçauroit estancher,
Et l'autre au vent dedans l'air est penduë,
Sur vne rouë est vne autre estanduë,
L'autre en vn crible espuise en vain de l'eau,
Et l'autre sent les grifes d'vn oyseau,
L'autre dessoubs vn arbre qui chancelle
Tramble d'effroy qu'il ne tombe sur elle.

 En l'air, en l'eau, par le feu, dans le vent
Vont expiant & purgeant & lauant
Les vieux delicts de leurs fautes commises
A l'examen Radamanth' soumises

LA FRANCIADE.

En ces tourmens ardens & violens
L'vne est mille ans, & l'autre deux mil ans,
L'autre trois mil, & ne sont soulagées
Quelles ne soient parfaitement purgées,
Et que la tache adhærante ne soit
Nette en souffrant le mal qu'elle recoit.

 Quand vn long temps de siecles & d'années
L'vne sur l'autre à courses retournées
Ont nettoyé leurs taches, & ont fait
L'esprit diuin estre pur & parfait,
Et que le feu de tresimple nature
Ne tient plus rien de la terrestre ordure,
Pur tout ainsi comme il estoit alors
Premierement qu'entrer en nostre corps:

 Adonq Mercure à la verge d'Iuoire
Les contraignant, au fleuue les fait boire
Fleuue qui fait toute chose oublier:
Car autrement ne se voudroient lier
En nouueaux corps s'ils auoient souuenance
Des maux passez dont ils font penitence:

 Ainsi qu'aigneaux en troupes amassez
Par le baston de Mercure poussez
Les ames vont sur la riue guidées
Boire le fleuue à friandes ondées:
Puis à l'instant perdent tout souuenir.

 Lors vn desir les prend de reuenir,
Et de reuoir leur liaizon premiere,
Et du soleil la celeste lumiere.

      Bb ij

LE IIII. LIVRE DE

A tant se teut: Francion tout soudain
Prend de rechef vn cousteau dans la main,
Et d'vne truye infertille & brehaigne
Ouure la gorge: en tombant elle seigne
Dessus la terre, où le sang renuersé
Tiede fuma sur le creux du fossé,
Priant Mercure, & les Sœurs Eumenides
Le vieil Caron, vouloir seruir de guides
A ces esprits qui deuoient quelquefois
Venir aux corps des monarques Francois.

 Comme il disoit, entre soufres & flames
Voicy venir de l'abisme les ames.
Vn tourbillon par ondes tout fumeux,
Vn feu de poix raisineux & gommeux
Alloit deuant, qui de puante haleine
Offensoit l'air les taillis & la plaine
Auec grand son, comme vn tonnerre bruit
Brisant la nuë espaisse d'vne nuit.

 Adonc Francus ayant l'ame frapée
De froide peur, au poing saqua l'espée
Les souffrant boire, & se tirant à part
Sur vn tertreau qui pendoit à l'escart
Pour mieux pouuoir leur visages connoistre,
Scauoir leurs noms, leurs habits, & leur estre
Les contemploit, & de frayeur transsy
Apelle Hyante & luy demande ainsi.

 Quel est celuy de royale aparance
Qui d'vn grand pas tous les autres deuance;

LA FRANCIADE. 197

Et d'Oliuier se couronne le front?
Elle respond: c'est le Roy PHARAMONT
Qui des Gaulois abaissant vn peu l'ire
Et le desir conceu sous Marcomire
D'assuietir les terres & les rois
Adoucira son peuple par les loix,
Et leur fierté Sicambroise & Scythique
Amolira par la douceur Salique,
Pour retirer du chaud amour de Mars
Le cueur felon de ses braues souldars.

 Quel est ce Prince appuyé d'vne hache
Qui tout son front ombrage d'vn panache
Au front seuere, aux yeux gros & ardens,
A longue barbe, aux longs cheueux pendans,
Qui rien q'horreur ne monstre en son visage?
C'est CLAVDION qui l'otieux courage
Des vieux Gaulois aux armes refera
Et leur paresse en guerre eschaufera,
D'ardeur nouuelle animant leurs poitrines
A conquerir les prouinces voisines.

 Luy tout ardent du feu de guerroyer
Enfant de Mars, doit vn iour foudroyer
L'orgueil romain: puis d'vne vertu viue
Du Rhin cornu outrepasser la riue
Et la forest Charbonniere perser:
A forte main doit vn iour renuerser
Les Turingeois, & la muraille ancienne
De Mont, Cambray, & de Valentienne

Bb iij

Et de Tournay, & doibt rougir les bors
De Somme tiede au carnage des mors:
Doibt bien auant en Gaule faire entrée,
Nulle puiſſance en armes rencontrée
Son maſle cœur ſuporter ne pourra:
Comme vne foudre en Bourgongne courra,
Vaincra Tholoze & les Gots d'Aquitaine
Comme Sapins eſtandra ſur la plaine.
  Puis en donnant exemple à ſes neueux
De liberté, portera longs cheueux
S'eſiouiſſant pour remerque immortelle
Que cheuelu toute Gaule l'apelle.
  Quel eſt celuy qui marche le premier
Apres ces deux, au viſage guerrier,
Qui tient la face aux aſtres eſleuée?
C'eſt le vaillant & iuſte Meroüée
Aſpre ennemy des Huns, qui deſcendront
Plus dru que greſle, & par force prendront
Pillant, ardent de flames alumées,
(Mars tout ſanglant conduira leurs armées)
Treues, Coulongne, & mille fors chaſteaux
Que voſtre Rhin abreuue de ſes eaux,
Et ru'ront Mets à l'egal de la terre,
Cruelle engeance indontable à la guerre:
  La mer ne iette aux bors tant de ſablons
Que de ſoldats hydeux en cheueuux blons
S'amaſſeront trope venant ſur trope
Pour mettre à ſac l'occidentale Europe

LA FRANCIADE.

Soubs Atila cruel prince inhumain,
Extreme fleau de l'empire romain.
   Contre vn tel peuple espoinconné de rage,
Tout acharné de meurdre & de carnage,
Craint comme foudre à trois pointes tortu,
Ce Merouée oposant sa vertu
Pres de Chalons retranchera l'audace
Auec le fer : menu dessus la place
L'vn dessus l'autre adentez tomberont,
Le ventre creux des matins ils auront
Pour leur seruir de digne sepulture,
Nuds sur le champ gras de leur pourriture.
   Luy le premier suiuy de ses Troyens
Regangnera les bords Parisiens,
Sens, Orleans, & la coste de Loire,
Puis de ton nom Francus ayant memoire
Le nom de Gaule en France changera :
Ton sang versé par armes vangera
Et nul des tiens chargé de tant de proye,
Ne doibt pousser si haut le nom de Troye,
Vaillant monarque, inuincible, inuaincu,
Victorieux : autour de son escu
Frayeur horreur des guerres eschaufées
Naistront Lauriers & Palmes & Trophées,
Et le premier fera voir aux François
Que vaut l'honneur acquis par le harnois
Puis il mourra : Car toute chose née
Est en naissant pour mourir ordonnée.

De son grand nom les vieux Sicambriens
Seront long temps nommez Meroueens,
Et ses vertus auront tant de louanges
Qu'aymé des siens, redouté des estranges
Apres sa mort, d'inuiolable loy
Nul tant soit preux n'aura l'honneur de roy
Portant au chef la couronne esleuée
S'il n'est yssu de la gent Merouée.

 L'autre qui vient baißant vn peu les yeux
Ensemble triste & ensemble ioyeux
Est-il des miens dy le moy ie te prie?
C'est CHILDERIC roy de meschante vie
Ord de luxure, infect de volupté,
Au cœur paillard de vices surmonté,
Prince prodigue, execrable en despences,
Qui pour fournir à ses folles boubances
De ses suiets rongera tous les os,
Boira le sang, haussera les impos
Tailles tribus & de si orde iniure
Faite aux francois nourrira sa luxure.

 Il rauira des pucelles la fleur,
Honte aux parens, des peres la douleur,
Et sera plein de telle nonchalance
Que deniant aux peuples audiance
Consommera pour neant le soleil
Sans voir iamais ny palais ny conseil.

 Pource la France à l'enuy coniurée
Contre sa vie ainsi desmesurée

Le chassera de son throsne royal:
Fuira banny vers son amy loyal
Roy d'Austrasie, où suiuant son vsage
Sans reuerer le saint droit d'hostelage
Et Iupiter protecteur d'amitié,
Opiniatre en toute mauuaitié,
(Dieux destournez vn acte si infame
Du cueur des Rois) luy honnira sa femme
Pour le loyer de l'auoir bien receu:
,, L'homme de bien est volentiers deceu.
 De Childeric esliront en la place
Vn Duc Gillon d'Italienne race
Qui regira les romains à Soissons
Pire que l'autre en cent mille façons.
 Le bon françois qui son prince desire
Plaignant le roy chassé de son empire
R'apellera Childeric son seigneur:
Luy se voyant en son premier honneur
Amendera par vergongne ses fautes.
Lors plein de force & d'entreprinse hautes
Pour effacer de ses pechez le nom,
Braue au combat ne taschera sinon
Que la vertu par les armes suiuie
Perde le bruit de sa premiere vie.
Adonc suiura Gillon son ennemy.
Par les rochers les forests, & parmy
Les flots du Rhin: Gillon plein de vergongne
S'ira sauuer dans les murs de Coulongne
Que Childeric à qui le cueur ne fault,

Cc

Le fer au poing emportera d'assaut:
Puis sans donner aux romains nulles treues
Fera broncher les murailles de treues.
Où ce Gillon vagabon s'enfuira:
Les fiers Saxons en bataille occira
Il tura Paul de nation romaine,
Et d'Orleans tirant iusqu'au domaine
Du riche Aniou, hazardeux aux dangers
Se fera Roy victorieux d'Angers,
Et des Romains les armes estofées
Au Dieu de Loire apendra pour trophées:
Vois-tu CLOVIS grand honneur des troyens?
Qui le premier abhorrans les Payens
Et des Gentils les menteuses escolles
Pour suiure Christ laißera les idolles
Donnant batesme aux francois desuoyez?
Et lors du ciel luy seront enuoyez
Vn Oriflame, estandart pour la crainte
Des ses hayneux, & l'Ampoulle treßainte
Huille sacrée, oincture de voz rois.
Son escußon deshonoré de trois
Crapaux boufis pour sa vieille peinture
Prendra des Lis à la blanche teinture
Present du ciel: Dieu qui le choisira
D'honneur de force & de biens l'emplira!
Ne vois-tu pas comme son front assemble
La grauité & la douceur ensemble
Ayant le bras armé sans estre armé,
Ensemble craint ensemble bien aymé?

Nul ne vaincra ce roy de courtoisie,
Mais quand l'espée au poing aura saisie
Nul conquerant tant soit braue de cueur
De ce CLOVIS ne vaincra la fureur.
 Il poursuiura d'vne ardente colere
Siagre fils de Gillon qui son pere
Deposseda, & son camp assaudra
Si viuement que Soissons il prendra
Perdant du tout la puissance romaine :
Puis dés le Rhin iusqu'aux riues de Seine,
De Seine à Loire il sera conquereur
Des Rois voisins le foudre & la terreur.
,, La fortune est d'inconstance emplumée.
 Luy conduisant vne gaillarde armée
Outre le Rhin contre les Alemans
Prompts aux combats aux guerres vehemens,
Sera pressé d'vne si grande suite
Que tout honteux de penser en la fuite
Aura recours tant seulement à Dieu :
Lors s'eslanceant furieux au milieu
Des Alemans, de sa françoise espée
Rendra de sang la campagne trempée,
Tura leur roy, & des peuples dontez
Tribus par an luy seront aportez.
 Lors enrichi des despouilles conquises
Au nom de Christ bastira des Eglises,
Puis se chargeant (apres auoir veincu)
Le dos de fer & le bras de l'escu,

Ira de Vienne aborder le riuage.
Vn cerf chassé montera le passage
Au camp francois, grand miracle diuin.
　　Pres de Poitiers fera trambler le Clin
Dessoubs ses pieds, assaillant de furie
Alaric roy des peuples de Gothie.
　　Desia le vent branle les estandars
Pié contre pié se fichent les soudars
Ioyeux de sang : tout le cueur leur bouillonne,
Vne poussiere en rond les enuironne,
Et sans relasche au milieu des trauaux
Sont renuersez cheualiers & cheuaux.
　　Le Roy Clouis ardant à la conqueste
Persant son camp opozera sa teste
Contre Alaric, & comme hazardeux
Ces puissans Rois s'affronteront tous deux
Braues hautains furieux comme foudres.
Sous leurs cheuaux deux tourbillons de poudres
Noirciront l'air, & sans auoir repos
Icy Clouis, icy le roy des Gots
Poussez tournez de fortune diuerse
Seront portez tous deux à la renuerse.
Le mol sablon imprimera leurs corps :
Eux releuez plus ardens & plus fors
Cherchant la mort, espendront sur la place
Greues cuissoz morrions & cuirasse
Suant tous deux de colere & de coups :
Mais à la fin Clouis plein de courroux

LA FRANCIADE.

Fera du Goth victime à Proserpine
D'une grand playe enfondrant sa poitrine.
　Ainsi Clouis Alaric occira,
L'ame Gotique aux enfers s'en ira!
Puis s'emparant des thresors de ce prince
Prendra Tholose & toute la prouince
D'Alby, Rouairgue, Auuergne & Limosin,
Et tout le champ de Garonne voisin.
　De là pompeux d'une si noble gloire
Des Bourguignons rauira la victoire
Les massacrant d'un courage trop chaut
Pour le forfait de leur roy Gondebaut.
　Bref ce Clouis d'inuincible puissance
Doit bouter hors son empire d'enfance,
Le faire masle, & le rendre aussi fort
Qu'un grand rocher, la muraille d'un bord
　De ses vertus l'acquise renommée
Sera si grande & si haute semée,
Que ses enfans ne seront maintenuz
En leur grandeur, que pour estre venuz
D'un pere tel lequel durant sa vie
Ne veincra pas tant seulement l'enuie
Des rois vassaux à son glaiue pointu,
Mais si au large estandra sa vertu,
Qu'enseuely dessous la terre sombre
Fera trembler les princes de son ombre.
　Or pour montrer que telle creature
Se vestira de celeste nature

Cc iij

Auant sa mort les feux presagieux,
Le tramble-terre & les foudres des cieux
Esbranleront sa royale demeure.
,, Mais quoy Troyen! il faut que l'homme meure:
,, En son bateau Caron prend vn chacun,
,, Et du tombeau le chemin est commun.
　Voy CHILDEBERT & CLOTAIRE son frere
Qui tous ardens d'vne iuste colere
Que Gondebaut comme prince cruel
Ait fait meurdrir leur oncle maternel,
Dessus son fils Sigismond de Bourgongne,
De telle mort vangeront la vergongne.
　Ces deux grands rois à la guerre assemblez
Donnant bataille aux Bourguignons troublez,
Les meurdriront d'vne mort tresamere
Gratifiant aux larmes de leur mere
Qui souspiroit de ne voir point vangé
Le corps royal de son pere outragé.
　Ce CHILDEBERT & Clotaire grands princes
Pour augmenter les bords de leurs prouinces
Rompant le droit la nature & la loy.
(Entre les rois ne dure point la foy
Tant le desir de regner leur commande)
Freres germains, suiuis d'vne grand bande
D'hommes armez partiaux & meschans,
Voudront helas! de leurs glaiues tranchans
S'entre-tuer & rougir les batailles
Du sang tiré de leurs propres entrailles

Mais sur le point qu'ils voudront s'assaillir,
Voicy du iour la lumiere faillir,
Neges & vens & tourbillons & gresle
Du ciel creué tomberont pesle-mesle
Entre-semez de foudres & d'esclairs:
Hommes cheuaux morrions & bouclairs
Seront frapez coup sur coup du tonnerre.
Ainsi de peur mettront fin à la guerre
Ces deux germains: le bon Dieu l'a permis,
Et de haineux deuenus bons amis
Freres de sang & de cœur sans rancune,
Ramasseront leurs puissance en vne
Fiers aux combas inuaincus cheualliers:
Puis en poussant milliers dessus milliers
D'hommes armés par hautes destinée
Iront gangner les cymes Pyrenées.
Princes guerriers inueincus de trauaux.
Les monts d'Espagne au bruit de leurs cheuaux
Retentiront, & couuers de gensdarmes
Les champs luiront soubs la splandeur des armes
   Lors Almaric roy des gots qui tiendra
Soubs luy l'Espagne, ardent les assaudra
(Nouueau fuzil de l'ancienne noise)
Mais pour neant: car la vertu françoise
De pieds, de mains & de teste poussant
Ira des gots la force renuersant.
Ce roy voiant sa puissance coupée
Du fer gaulois, sçaura que vaut l'espée

De Childebert, qui luy perſant la peau
Coſtes & cueur, ira iuſqu'au pommeau
D'vne grand playe en la poitrine ouuerte:
Auec le ſang fuira l'ame deſerte
Du corps Gothiq, & franche de ſes os
Ira chercher là bas autre repos.
Ces freres Rois, ains frayeur des campagnes
Ardront perdront pilleront les Eſpagnes
Mettant à ſac & peuples & ſeigneurs,
Lors tous enfleʒ de butins & d'honneurs,
Et d'vne gloire aux françois eternelle
Viendront reuoir leur terre paternelle.
Puis ſans enfans des hommes le confort,
Comme tous rois, ſçauront que peut la mort.
Quel eſt cet autre eshonté de la face?
Ceſt ARIBERT deshonneur de ta race
Le norriſſon de toute volupté
Qui pour ton fils ne doit eſtre conté.
L'autre d'apres qui tout morne ſe faſche
Qui tient ſa gorge & qui marchant remaſche
Meinte menace & reſue tout à ſoy?
Ceſt CHILPERIC indigne d'eſtre roy
Mange-ſuiet, tout rouillé d'auarice
Cruel Tiran, ſeruiteur de tout vice,
Lequel d'impos ſon peuple deſtruira:
Ses citoyens en exil banira
Affamé d'or, & par armes contraires
Voudra rauir la terre de ſes freres

         N'aymant

N'aymant perſonne & de perſonne aimé:
Qui de putains vn Serrail diffamé
Fera mener en quelque part qu'il aille
Soit temps de paix ou ſoit temps de bataille:
En voluptez conſommera le iour
Et n'aura Dieu que le ventre & l'amour.

 Du peuple ſien n'entendra les complaintes:
Toutes vertus, toutes couſtumes ſaintes
Des vieux Gaulois fuiront deuant ce roy
Grand ennemy des paſteurs de ſa loy.

 Les eſcoliers n'auront les benefices,
Les gens de bien les honneurs des offices
Tout ſe fera par flateurs eshontez,
Et les vertus ſeront les voluptez.

 Iamais d'enhaut la puiſſance celeſte
Ne montra tant ſon ire manifeſte
Et iamais Dieu le grand pere de tous
Ne montra tant aux hommes ſon courroux
Signes de ſang de meurdres & de guerre:
De tous coſtez vn tramblement de terre
Horrible peur des hommes agitez
De fond en comble abatra les citez.

 Iamais les feux la terre ne creuerent
En plus de lieux: iamais ne s'eſleuerent
Plus longs cheueux de cometes aux cieux,
Iamais le vent eſprit audacieux
En fracaſſant & foreſts & montagnes
Ne fit tel bruit, le balay des campagnes.

Dd

Les pains coupez de sang se rougiront,
En plein hyuer les arbres fleuriront,
Et toutefois pour ces menaces hautes
Ce meschant roy n'amendera ses fautes:
 Mais tout superbe, en vices endurcy
Contre le Ciel esleuant le sourcy
Au cueur brulé d'infame paillardise
Estoufera contre sa foy promise,
En honnissant le sainct lit nuptial,
Sa propre espouse, espoux tresdesloyal.
 Ny lit, ny foy, ny la nuit amoureuse
Ne deffendront Galsonde malheureuse,
Qu'en luy pressant le gosier de sa main.
Ne la suffoque, homicide inhumain:
Acte d'vn Scythe, & non d'vn roy de france,
Lequel deuoit s'oposer en deffense
Pour la sauuer, & luy mesmes s'offrir
Plustost cent fois à la mort, que souffrir
De voir sa femme ou captiue ou touchée:
Et toutesfois aupres de luy couchée,
Iointe à son flanc, le baizant en son lit,
Seure en ses bras, l'estranglera de nuit.
Cruel tyran! à qui dessus la teste
L'ire de Dieu pend désia toute preste:
D'vn ord trespas son sang se rougira
Et sa putain sa femme vangera.
 Apres la mort de sa femme Galsonde,
Doit espouser sa garse Fredegonde,

Qui d'un visage eshonté de regars,
Et de maintiens lubriques & paillars,
Et d'un parler entre l'humble & le graue,
Fera ce roy de maistre son esclaue,
L'abestissant si bien à ses desirs,
Qu'il seruira valet de ses plaisirs.
Puis doit aprendre aux despens de sa vie
Que l'homme est fol qui aux putains se fie.

 Or elle ayant assoté son mary
Pour mieux iouir de son ribaut Landry
Qui du royaume auoit toute la charge,
Folle d'amour, à deux meurdriers encharge
A son retour de la chasse bien tard
De luy perser la gorge d'un poignard.
Ainsi mourra par les mains de sa femme
Ce Chilperic des princes le diffame.

 Elle sans peur ny de Dieu ny de loix,
Toute effrontée, ayant encor les doigs
Rouges du sang de son mary, pour taire
Par vn beau fait le meurdre & l'adultere,
Ira guerriere au milieu des combas,
Tiendra son fils de trois mois en ses bras,
Traistre pitié! pendant à sa mammelle
Dont son paillard aura pris la tutelle.

 Puis cette royne abominable, ainçois
Cette furie execrable aux françois,
De qui la teste attendoit le suplice,
Comme si Dieu fauorisoit le vice

Viura sept ans en pompes & honneur
Auec Landry des francois gouuerneur:
Et qui pis est morte on la fera sainte,
Ainsi tout va par fraudes & par feinte!

 L'autre d'apres est CLOTAIRE son fils
Par qui seront les Saxons desconfis
Ne soufrant viure en leur terre occupée
Masle debout plus grand que son espée,
Sage guerrier victorieux & fort,
Qui pour l'honneur mesprisera la mort.

 De Brunehaut princesse miserable
Fera punir le vice abominable,
Luy attachant à la queüe d'vn cheual
Bras & cheueux: puis à mont & à val
Par les rochers, par les ronces tirée
En cent morceaux la rendra dechirée:
Si qu'en tous lieux ses membres difamez
Seront aux loups pour carnage semez.

 Bien qu'vn grand roy ne puisse auoir louange
Quand par la mort d'vne femme il se vange,
Pourtant Clotaire est absoubs par les loix
D'auoir vangé le sang de tant de rois
Que par poison, par glaiue & par cautelle
Auoit occis cette royne cruelle.

 Les Lastrigons, les Cyclopes qui n'ont
Qu'vn œil au front: en leurs rochers ne sont
Si cruels qu'elle à toute peste née,
Qui en filant menée sur menée,

LA FRANCIADE.

Guerre sur guerre & debas sur debas
Fera mourir la France par combas,
Mais à la fin soubs les mains de Clotaire
Doit de ses maux receuoir le salaire.
  Ce gentil Prince entre ses nobles faits
Voyant ses gents en bataille deffais,
Et Dagobert son fils iusqu'à la taye
Pres la ceruelle attaint d'une grand playe
Perdre le sang en longue pamaison:
Reuestira son chauue poil grison
D'un morrion, armes de la ieunesse,
Et tout son corps refroidy de vieillesse
Reschaufera d'un cueur ieune & gaillard:
Puis en brossant les flancs de son bayard
Chaud de colere & de menace fiere,
Passant à nou le fil d'une riuiere
Ira trouuer le roy sur l'autre bord
Qui se moquoit de son fils demy-mort.
Alors ces rois d'un valeureux courage
Front contre front sur le premier riuage
S'acharneront comme loups au combat.
Le bon Clotaire à la renuerse abat
Son ennemy, & la teste coupée
Embroche droite au bout de son espée
Auec grands cris retournant vers les siens,
Acte Gaulois & digne des Troyens
De siecle en siecle à iamais memorable
Tant vaut un pere à son fils pitoyable.

L'autre qui vient en magnifique arroy
Qui de maintien represente vn grand roy
Est-il des miens: dy le moy ie te prie?
Cest DAGOBERT fleur de cheualerie:
En sa ieunesse aura le cueur hautain,
Reuesche en meurs coupera de sa main
(Acte impiteux) la barbe de son maistre.
Puis par le temps venant son age à croistre,
De prince fier deuiendra gratieux,
Tant seulement en deux points vitieux,
L'vn de nourrir par trop de concubines,
L'autre de faire excessiues rapines
Sur meinte eglise, afin d'enrichir vn
Moutier à part du reuenu commun:
　Au reste accort, de bonnes meurs & sage,
Qui craindra Dieu, qui punira l'outrage
Des orphelins, qui viura par conseil,
Qui n'aura point en armes son pareil,
Prudent guerrier, qui sera sans contrainte
L'amour des siens, de ses voisins la crainte:
Qui chassera les peuples circoncis
De ses païs, par qui seront occis
Les Esclauons, qui dessus la campagne
Estandra mors les peuples d'Alemagne,
Et les Lombars par guerres destruira,
Qui les Gascons rudement punira,
Et qui rendra la nation seruile
Des Poiteuins, & qui Poitiers leur ville

LA FRANCIADE.

Saccagera par glaiues & par feux
Et la fera labourer par des beufs
Semant du sel où furent ses murailles.
Qui destruira les Hongres par batailles
Trenchant au fer tant de peuples armez.
Des os des mors les champs seront semez
Et les cheuaux nageront iusqu'au ventre
Souillez de sang : la riuiere qui entre
Dedans la mer, à peine par ses bors
Pourra couler tant elle aura de mors.
Luy tout enflé de gloire militaire
Rendra soubs luy Bretagne tributaire
Et leur royaume en Duché changera.
Tout au contraire amy deschargera
(Aux vns hautain, aux autres debonnaire)
Les fiers Saxons surmontez par son pere
De trois cens beufs qu'ils deuoient tous les ans.
Puis desliant de ses membres pesans
L'ame legere, apres meinte victoire
Rendra son nom d'eternelle memoire.

  L'autre qui suit d'honneur enuironné
Qui a le front de palme couronné
Qui ia les Turcs menace de la guerre?
Sera CLOVIS lequel ira conquerre
Hierusalem, & les sceptres voisins
D'Ægypte iointe aux peuples Sarrazins
Outre la mer bien loing de sa patrie
Tiendra des Iuifs l'heureuse seigneurie

Et son Ost braue & luy braue à la main
Boiront sept ans les ondes du Iourdain.
  Puis retourné pour quelque trouble en France,
De ses enfans punira l'arrogance
Qui par flateurs, par ieunes gens deceuz
Vers celle ingras qui les auoit conceuz,
De tout honneur degraderont leur mere,
Et donneront la bataille à leur pere.
  Leur mere adonc ah! mere sans mercy,
Fera bouillir leurs iambes, & ainsi
Tous mehaignez les doit ietter en Seine.
Sans guide iront où le fleuue les meine
A l'abandon des vagues & des vens:
Graue sulplice! afin que les enfans
Par tel exemple aprenent à ne faire
Chose qui soit à leurs parens contraire.
  Bien que ce roy soit magnanime & fort
Soit aumosnier, des pauures le suport,
Portant son ame aux vices inclinée
De trop de vin se verra dominée,
L'amour la gueule, & les plaisirs qui sont
Rougir de honte vn prince le feront.
Esclaue roy de vilaine luxure
Trompant son nom, soymesme & sa nature.
  Voy-tu ceux-cy qui abaissent les yeux
Honteux de voir la lumiere des cieux,
Qui ne deuroient au monde iamais naistre,
Ny moins auoir Hector pour leur anceſtre?
                              Clotaire

Clotaire est l'vn & l'autre est Childery,
Theodoric l'autre en delices nourry,
Trois fait-neants, grosses maces de terre
Ny bons en paix, ny bons en temps de guerre
La maudisson du peuple despité:
L'vn pour souiller son corps d'oysiueté
Pour n'aller point au conseil, ny pour faire
Chose qui soit au prince necessaire,
Pour ne donner audiance à chacun,
Pour n'auoir soing de soy ny du commun,
Pour ne voir point ny Palais ny Iustices
Mais pour rouiller sa vie entre les vices,
Traistre à son Peuple & à soy desloyal
Sans plus monter en son throsne royal
En le faudrant de son naturel guide
A Esbrouin en laschera la bride
Et le fera soit en guerre ou en paix
Chef du conseil & Maire du Palais.

 Cet Esbrouin aura soing des batailles,
De la finance & d'augmenter les tailles,
Et de respondre à tous ambassadeurs,
Et son estat aura tant de grandeurs
 (Comme chargé d'vne peine honorable)
Qu'il deuiendra si craint & redoutable
En cependant que les Rois amusez
A boufonner, aux femmes abuzez
Sans nul conseil, trahys de leur plaisance
Sont rois de nom, Esbrouin de puissance.

E e.

Qu'en peu de iours ces seigneurs aprouuez
De tout le peuple, aux honneurs esleuez,
Puissans de faits de parolle & d'audace
Des premiers Rois aboliront la race,
Et se feront d'auctorité pourueux
Eux mesmes rois leurs fils & leurs neueux.

  Pource Troyen, ne commetz telle faute,
N'esleue point en dignité trop haute
Quelque vassal : ton dommage en despend :
,, Quand un roy fault trop tard il s'en repent.

  L'autre second d'humeur lubrique & salle
Perdra long temps sa dignité royale,
Et sans egard à son sang descendu
De tant de rois, sera moine tondu
Et r'enfermé dedans un monastere.

  Le tiers qui vient pensif & solitaire
De ses suietz comme peste haï
A contre-cueur des seigneurs obei,
Chaut de colere & d'ardeur inutille
Fera foëter le cheualier Bodille
En lieu public, lié contre un posteau
Tout dechiré de veines & de peau.

  Bodille plein d'un valeureux courage
Tousiours pensif en si vilain outrage
Ne remaschant que vengeance en son cœur
Lairra couler quelque temps en longueur,
Puis si despit la fureur l'espoinçonne
Que sans respect de sceptre ou de couronne

LA FRANCIADE.

Tout alumé de honte & de courroux
Ce roy peu sage occira de cent coups.

 Luy de son prince ayant la dextre teinte,
Pres le roy mort tu'ra la royne ensceinte,
D'un mesme coup (tant son fiel sera grand)
Perdant le pere & la mere & l'enfant
Qui se cachoit dedans le ventre encore:

 Seigneur Troyen, le prince ne s'honore
De felonnie, il faut que la fierté
Soit aux lyons, aux rois soit la bonté
Comme mieux nez, & qui ont la nature
Plus prés de Dieu que toute creature.

 Ce roy doit estre abuzé par flateurs,
Peste des rois courtizans & menteurs,
Qui des plus grands assiegeant les oreilles
Font les discrets & leur content merueilles.

 Pource, Francus, si le ciel te fait Roy,
Sage entretiens des vieillars prés de toy
Qui te diront leurs raisons sans feintise
En longs cheueux, en longue barbe grise.

 Ne vueilles point pour conseillers choisir
Ces ieunes fols qui parlent à plaisir.
Le plus souuent les princes s'abestissent
De deux ou trois que mignons ils choisissent,
Vrais ignorans qui font les suffisans,
Qui ne seroient entre les artisans
Dignes d'honneur, grosses lames ferrées
Du peuple simple à grand tort honorées,

Qui viuent gras des impos & des maux
Que les rois font à leur pauures vaſſaux,
Tant la faueur qui les fautes efface
Fait que le ſot pour habille homme paſſe.
 Quelle fureur? qu'vn roy pere commun
Doiue chaſſer tous les autres pour vn
Ou deux ou trois? & bleſſer par audace
Vn maſle cueur iſſu de noble race
Sans regarder ſi le flateur dit vray?
 Ce Childeric doit cognoiſtre à l'eſſay
Le mal qui vient de croire à flaterie,
Perdant d'vn coup & vie & ſeigneurie.
 Voy Francion ces autres rois dontez
De vin, d'amour, de toutes voluptez
Qui abeſtis en vn monceau ſe preſſent
Et le regard contre la terre baiſſent,
 Vne grand nuë eſparſe ſur le front
Les obſcurciſt: regarde comme ils vont
Effeminez, & d'vne aleure lente
Montrent au front vne ame nonchalante.
Ah! malheureux! ils ſeront fils des tiens
Germe maudit, troyennes non troyens:
Qui tant s'en fault qu'ils ſoient en france dignes
D'auoir au chef les couronnes inſignes,
Qu'ils ne ſont pas, peſte du genre humain
Dignes d'auoir l'aiguillon en la main,
Rois ſans honneur, ſans cueur, ſans entrepriſe
Dont la vertu ſera la paillardiſe.

LA FRANCIADE.

Leur beau Royaume acquis par le harnois
De tant d'ayeux tresinuincibles Roys,
Par la sueur de tant de Capitaines,
Par sang, par fer, par discours, & par peines,
En peu de iours tombé de sa vigueur
Ah fier destin! perdra puissance & cueur.
 Ne vois tu pas comme Clouis en pleure?
Tay-toy grand roy, rien çà bas ne demeure
,, En son entier : tant plus le sceptre est haut
,, Et plus il tombe à terre d'vn grand saut.
 Ces Rois hydeux en longue barbe espaisse,
En longs cheueux ornez presse sur presse
De chesnes d'or & de carquans grauez,
Hauts dans vn Char en triomphe esleuez
Vne fois l'an feront voir leur visage :
Puis tout le reste ils seront en seruage
Laissant la bride aux Maires du palais
Dont ils feront esclaues & valets,
Masques de Rois, idoles animées
Et non pasteurs ny princes des armées,
Qui se verront honnis de voluptez
De leurs vassaux à la fin surmontez.
Apren, Troyen, comme vn lasche courage
Perd en vn iour son sceptre & son lignage.
,, Il ne faut estre aux affaires retif.
,, La Royauté est vn mestier actif.
 Voy Chilperic le dernier de la race
De Pharamond, comme il baisse la face

Ee iij

Moine razé pour sa lubricité,
Vn fait-neant moisy d'oysiueté,
Qui ia ce semble aux plaisirs s'abandonne.
 Cettuy perdra le sceptre & la couronne
Du grand Clouis, & son Maire Pepin
S'en fera roy par ne sçay quel destin,
En transferant l'ancien diadesme
De la maison de son maistre à soymesme:
 Bien qu'à grand peine ait quatre pieds de corps,
Bas de stature, & de membres peu forts,
Il aura l'ame actiue & vigoureuse,
Et de conseil & de prudence heureuse
Il dontera la force des plus grands.
Pource Francus par tel exemple aprens
Que tout royaume augmente en accroissance
Par la vertu & non par la puissance,
,, Et que Dieu seul qui toute chose peut
,, Perd & maintient les sceptres comme il veut.
,, Pour les garder l'homme en vain se trauaille,
Car c'est luy seul qui les oste & les baille.
 Qui sont ces deux qui vont marchant à part?
Qui de la troupe eslongnez à l'escart
Discourent seuls de grands propos ensemble?
A voir leur port, l'on & l'autre me semble
Sage guerrier, & nul ne s'est monstré
De tant d'honneur ny de gloire illustré.
 Celuy, Troyen, qui fait bruire ses armes
Grand capitaine & pasteur de gensdarmes,

LA FRANCIADE.

Qui ja sa main sur vne lance met,
Qui d'vn panache ombrage son armet
Au fier maintien, au superbe courage,
Qui rien que Mars ne monstre en son visage
Sera Martel gouuerneur des françois,
Non roy de nom mais le maistre des Rois :
 Dedans le ciel fera monter l'empire
Du nom gaulois, & nul deuant son ire
N'oposera ny lance ny escu
Qu'il ne soit pris ou fuitif ou vaincu.
 Voy quels lauriers merque de sa conqueste,
Vont plis sur plis enuironnant sa teste!
Voy son maintien combien il est gaillard
Et de quels yeux il enfonce vn regard!
 Il occira par bataille cruelle
Des forts Saxons la nation rebelle,
Ceux de Bauiere à mort desconfira :
Les Alemans tributaires fera
Iusqu'au Danube, & la terre Frizonne
Rendra veinqueur, seruile à sa couronne.
 Prendra d'assaut, inuaincu cheualier
Nismes, Marseille, Arles, & Montpelier,
Beziers, Narbonne, & toute la Prouence
Fera seruile à son obeissance :
Prendra Bordeaux & Blaye, & tous les Fors
Que la Gironde arrouse de ses bors.
 Voicy comme Eude empereur d'Aquitaine
Les Sarrazins peuple innombrable, ameine

Contre Martel, à la guerre conduis
Par Abdirame antique sang des iuifs,
Qui d'Abraham & de Sarra sa femme
Se vantera, ce cruel Abdirame,
Cruel de meurs, de visage, & de cueur,
Des puissans Dieux & des hommes moqueur,
Tout acharné de meurdre & de furie,
Enflé d'orgueil, enflé de vanterie,
Doit amasser les siens de toutes pars
Femmes enfans vieux & ieunes soudars,
Valets bouuiers marchans, afin que l'onde
D'vn si grand Ost effroyast tout le monde.
 Ces Sarrazins au trauail obstinez
Outre passant les cloistres Pyrenez,
Et file à file espuisant toute Espagne
Se planteront au pié de la campagne
Auec grands cris : tels que les Grues font
Quand queuë à queuë en ordre s'en reuont
Hautes au vent, & dehachant les nuës
Se vont assoir en leurs terres connuës
Fuyant l'hyuer : vn cry tranchant & haut
Se fait en l'air : tout le ciel en tressaut.
 La mer ne pousse aux riues tant d'areines,
De tant de feux les voutes ne sont pleines
Au ciel là haut, que de peuples pressez
Dessous ce roy se verront amassez :
Ils tariront le coulant des fonteines,
Dessous leurs pieds tressauteront les plaines

Grands comme Pins en hauteur esleuez,
Prendront Bordeaux & les peuples lauez
De la Gironde, & d'ardeur violente
Viendront puiser les eaux de la Charante,
Ne pardonnant à Temples ny Moutiers.
D'auares mains saccageront Poitiers
Razant chasteaux & villes enfermées
Et pres de Tours camperont leurs armées.

 Là l'inuincible indontable MARTEL
Ne s'estonnant de voir vn nombre tel,
Mais d'autant plus ayant l'ame eschaufée
Quil verra grand le gain de son trophée,
Chaud de louange & d'honneur hazardeux
Ira planter son Camp au deuant d'eux
Les menaceant : la deésse Bellonne
Courra deuant, & Mars qui aiguillonne
Le cœur des rois, pour sauuer de meschef
Si vaillant Duc luy pendra sur le chef.

 Ce iour MARTEL aura tant de courage
Qu'aparoissant en hauteur dauantage
Que de coustume, on dira qu'vn grand Dieu
Vestant son corps aura choisy son lieu.

 Luy tout horrible en armes flamboyantes,
Meslant le fifre aux trompettes bruiantes
Et de tabours rompant le ciel voisin
Esueillera le peuple Sarrazin
Qui l'air d'autour emplira de vrlées.

 Ainsi qu'on voit les torrens aux vallées

Ff

Du haut des monts descendre d'un grand bruit.
Flot dessus flot la rauine se suit
A gros bouillons, & maitrizant la plaine
Gaste des beufs & des bouuiers la peine.
Ainsi courra de la fureur guidé
Auec grand bruit ce peuple desbordé.
  Mais tout ainsi qu'alors qu'une tempeste
D'un grand rocher vient arracher la teste
Puis la poussant & luy pressant le pas
La fait rouler du haut iusques à bas:
Tour dessus tour, bond dessus bond se roule
Ce gros morceau qui rompt fracasse & foule
Les bois tronquez, & d'un bruit uiolent
Sans resistance à bas se va boulant.
Mais quand sa cheute en tournant est roulée
Iusqu'au profond de la creuse valée
S'arreste coy: bondissant il ne peut
Courir plus outre, & d'autant plus qu'il veut
Rompre le bord, & plus il se courrouce,
Plus le rampart le presse & le repousse.
Ainsi leur camp en bandes diuisé
Ayant trouué le peuple baptisé
Bien qu'acharné de meurdre & de turië,
Sera contraint d'arrester sa furie.
  Chacun de rang en son ordre se met.
Le pié le pié, l'armet touche l'armet,
La main la main, & la lance la lance,
Contre un cheual l'autre cheual s'eslance

Et le pieton l'autre pieton assaut.
Icy l'adresse, icy la force vaut:
Sort & vertu pesle-mesle s'assemblent.
Dessous les coups les armeures qui tremblent
Font vn grand bruit: Victoire qui pendoit
Douteuse au ciel les combas regardoit.

 Au mois d'esté quand la pauure famille
Du laboureur tient en main la faucille,
Et se courbant abat de son seigneur
Les espics meurs, des campagnes l'honneur:
Tant de moisson, tant de blonde iauelle
L'vne sur l'autre espaix ne s'amoncelle
De tous costez esparses sur les champs,
Que de corps morts par les glaiues tranchans
Seront occis de la gent sarazine.
En moins d'vn iour hostes de Proserpine
Iront là bas trois cent mille tuez
L'vn dessus l'autre en carnage ruez.

 Mille ans apres les Touranjelles plaines
Seront de morts & de meurdres si pleines,
D'os de harnois de vuides morrions,
Que les bouuiers en trassant leurs sillons
N'oirront sonner soubs la terre feruë,
Que de grands os hurtez de la charruë

 Tel au combat sera ce grand MARTEL,
Qui plein de gloire & d'honneur immortel
Perdra veinqueur par mille beaux trophées
Des Sarrazins les races estoufées,

Ff ij

Et des François le nom victorieux
Par sa prouësse enuoira iusqu'aux Cieux.
　L'autre est PEPIN heritier de son pere
Tant en vertu qu'en fortune prospere,
Qui marira la iustice au harnois,
Et regira les siens par bonnes lois,
　Luy bas de corps, de cœur grand capitaine
Par neuf conflicts assaillant l'Aquitaine
De Gaïfier occira les soudars:
Il rendra serf le prince des Lombars
Dontant soubs luy les forces d'Italie.
Rome qui fut tant de fois assaillie
Sera remise en son premier honneur.
Par luy le Pape en deuiendra seigneur
Et des François prendra son accroissance:
Tant le bon Zele aura lors de puissance,
　Par cent combas par cent mille façons
Renuersera le peuple des Saxons
Peuple guerrier des François aduersaire,
Et soubs sa main les rendra tributaire.
La loy pendra sur son glaiue pointu
Craint de chacun tant vaudra sa vertu
De la fortune heureuse acompagnée
　Soubs luy faudra CLOVIS de la lignée
Si qu'en perdant le sang tresancien
Des rois françois fera naistre le sien,
Donnant lumiere à sa race nouuelle
Par les hauts faits de sa dextre immortelle.

N'espere rien au monde de certain:
,, Ainsi que vent tout coule de la main:
,, Enfant d'Hector tout se change & rechange:
,, Le temps nous fait, le temps mesme nous mange:
,, Princes & rois & leurs races s'en vont,
,, De leurs trespas les autres se refont.
,, Chose ne vit d'eternelle durée.
,, La vertu seule au monde est asseurée:

FIN DV QVATRIEME LIVRE
DE LA FRANCIADE.

Fautes suruenues à l'impression du premier liure.

Page 9.ligne 21.pour Franconnie, lisez Franconie.
page 28.lig.5.lisez la Gaule est deuë.
page 32.lig.2.piquans lisez poignans.
page 34.lig.8.aignaux, lisez aigneaux.

Fautes du second liure.

page 50.ligne 1.pour ceur lisez Chœur.
page 54.lig.1.Puis soubs les pieds de Iunon.
page 56.lig.18.Troyents, lisez Troyens.
page mesme, pour antemne lisez antenne.
page 58.lig.10.pour Nordoest, lisez & du Sus.
page 65.lig.23.pour la lisez leur.
page 73.lig.5.pour barreaux, lisez barraux
page 76.pour enuis, lisez ennuis.
page 82.lig.12.pour ancre lisez antre.
page mesme, lig.22.pour fils, lisez fit.
page 83.lig.14.pour diuiser, lisez deuiser.

Fautes du troisiesme liure

paege 105.lig.25.pour fillez, sillez.
page 108.lig.21.pour Lenmos, lisez Lemnos.
pag.111.lig.2.lisez Les vents en lair les prieres semoient.
page 114.lig.23.lisez Se releschant.
page 130.lig.14.pour lages, lisez larges.
page 153.lig.7.lisez De gros serpens tous herissez à escaille
page 159.lig.15.pour ialousie, lisez ialouse.
page mesme, lig.23.pour vages lisez vagues.

Fautes du quatriesme liure.

page 173.lig.13.pour baniant, lisez va niant.
page 184.lisez De sec Genieure.
page 94.lig.28.lisez A l'examen de
page 112.montera, lisez doit monter.
page 217.ligne 19.lisez Pourtant

www.ingramcontent.com/pod-product-compliance
Lightning Source LLC
Chambersburg PA
CBHW070629170426
43200CB00010B/1953